ふわふわカステラの本

中川たま

はじめに

シンプルな材料で粉や卵の味が伝わる、素朴なお菓子が昔から好きです。
小学生の頃、きれいに包装されたり、木箱に入ったカステラをいただくと、
とてもうれしかった記憶があります。こんがりと焼けて香ばしく、
甘くしっとりとした食べ心地は、天にも昇る幸せなおやつの時間でした。

昔から原材料を見るのが好きな変わったくせがあり、
カステラは卵、小麦粉、はちみつ、水あめと、思ったより少ない材料で
作られていることを知りました。いつか自分で作れたら、
毎日食べられるなーと、にやにやと妄想していたものです。

大人になっても、やっぱり好きなカステラ。
抱いていた作ってみたい気持ちは変わりませんが、
自分で作りたいカステラは、ごほうびのような木箱に入ったものではなくて、
毎日でも食べたくなるカステラ。そして、作りやすければ言うことなし！
一般的に大きい木型で、卵と砂糖をたっぷり使って焼くことで、
時間がたってもしっとりとした食感が続くのですが、もっと気負いなく
手軽に作れればと思い、卵2個でパウンド型で焼いてみることにしました。
これだと、むしろすぐに食べきれるようなサイズなので、
いろんなカステラをもっともっと食べてみたいと思いました。

まずは、基本のもっちりカステラを作ってみてください。
極力シンプルな材料や配合にしてありますが、
卵をちゃんと泡立てる、粉をしっかり混ぜるというところを守れば、
しっとりとしたカステラが、家でも簡単に作ることができます。

また、自分で作ると、好きな素材を取り入れられるのがいいところ。
卵にこだわってみたり、砂糖の種類やはちみつをかえるだけでも、
味に変化やふくらみが生まれます。

そしてカステラは、作りたてよりも翌日からのほうが断然おいしくなります。
そんな味の変化も、ぜひ楽しんでください。

中川たま

目次

Part 1 基本のカステラ

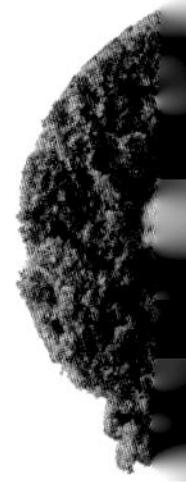

Part 2 いろんな味のカステラ

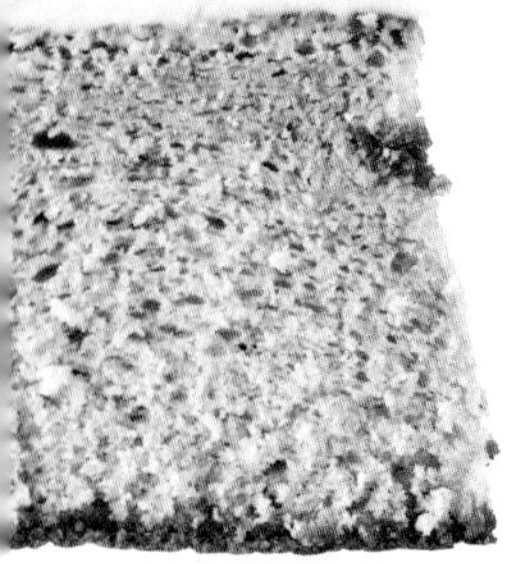

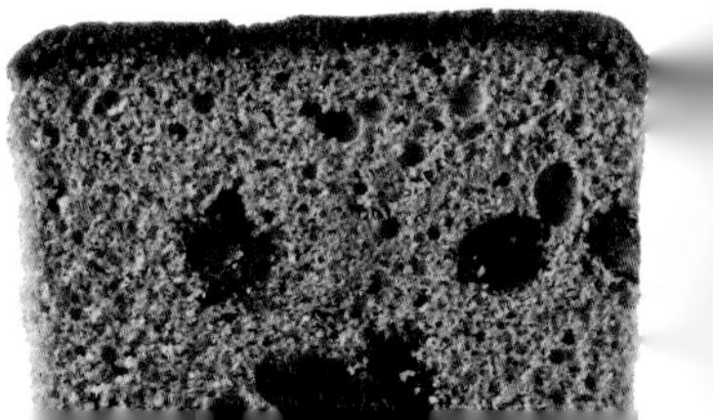

Part 3 カステラ生地のいろんなケーキ

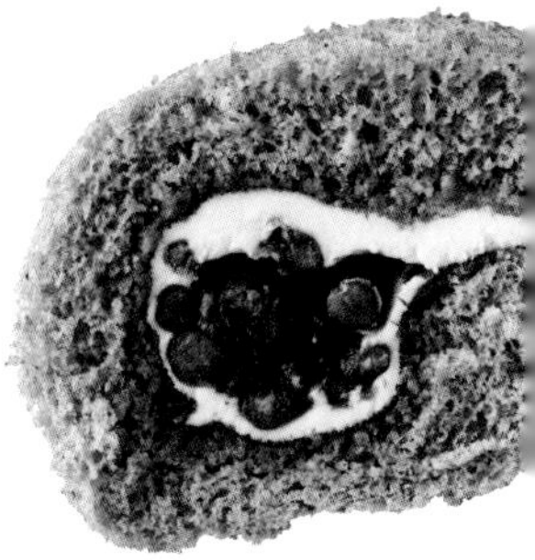

column

｛この本での約束ごと｝

・大さじ1は15ml、小さじ1は5mlです。

・卵はMサイズのもの、植物油は米油を使用しています。

・「ひとつまみ」とは、親指、人さし指、中指の3本で軽くつまんだ量のことです。

・ガスオーブンを使う場合は、レシピの温度を10℃ほど低くしてください。

・オーブンは、あらかじめ設定温度に温めておきます。焼き時間は、熱源や機種などによって多少差があります。レシピの時間を目安に、様子を見ながら加減してください。

Part 1

基本のカステラ

大好きなカステラを少ない材料で、家で気軽に作れればうれしいなと、
パウンド型を使い、卵２個で作れるレシピを考えました。
小さくても、時間がたったあともしっとりしているカステラです。
さらに、いろいろな味わいのカステラがあったらいいなあと、
シンプルな配合でアレンジのしやすい、５種類を基本にしてみました。

1.
基本のもっちりカステラ

私がいちばんくり返し作っている、定番のカステラ。
材料もシンプルで作りやすく、覚えやすい配合です。
卵を時間をかけてていねいに泡立てるのと、粉をしっかり混ぜることで、
時間がたってもしっとりとした、毎日でも食べたいカステラになります。

【 材料 】

（18×8×6cmのパウンド型1台分）

強力粉…60g

きび砂糖…60g

卵…2個

A | はちみつ…大さじ1 1/2
　| 熱湯…大さじ1/2

【 下準備 】

・卵は室温に戻す。

・Aは合わせておく。

・型より3cm高くなるように
　オーブンシートを敷く。

・オーブンを180℃に温める。

❶ 卵を泡立てる

ボウルに卵、砂糖を入れてハンドミキサーで混ぜ、湯せん（ボウルの底に60℃くらいの湯をあてる）にかけて高速で3分泡立てる。

＊60℃は、指を入れて熱いくらい（やけどに注意）

＊ハンドミキサーは動かさず、ボウルのほうをゆっくり回すと、まんべんなく泡立てられる

人肌（指を入れて温かいくらい）に温まったら湯せんからはずし、ハンドミキサーの高速でさらに3分⇒低速で1分泡立てる。

＊ここでもハンドミキサーは動かさず、ボウルのほうをゆっくり回しながら

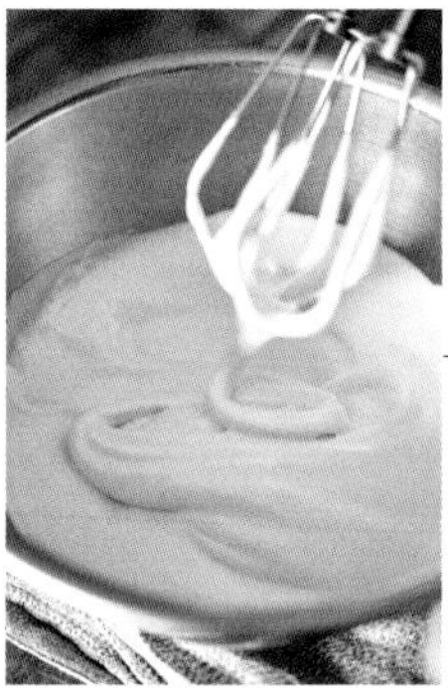

すくった時にリボン状に積み重なってしばらく消えなくなったら、

＊左右の端を切り落とすと、よりカステラっぽくなります

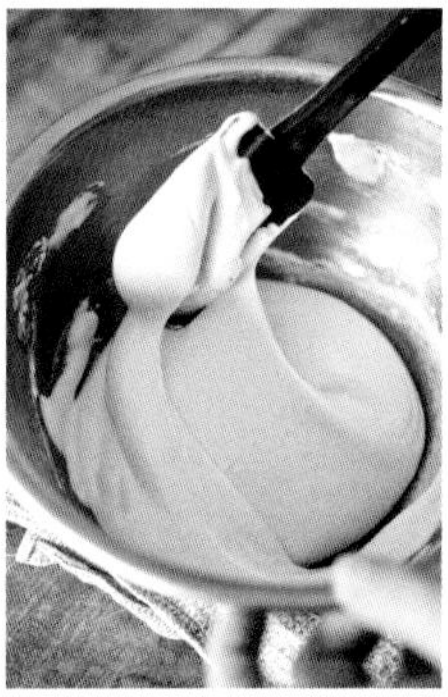

生地のでき上がりは、ふんわりしつつ、もっちりとした感じ。

❹ 焼く

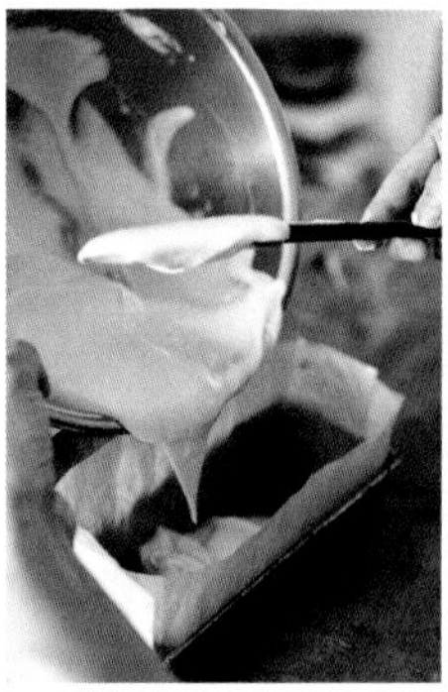

型に1/3量ずつ流し、

そのつどゴムベラで平らにならす。

＊3回に分けることで、大きな気泡を消し、焼いたあとに穴があきにくくなる

基本のもっちりカステラ

❷ はちみつを加える

Aを回し入れ、ハンドミキサーの低速で1分混ぜる。

＊ボウルのほうをゆっくり回しながら

❸ 粉を加える

粉を3回に分けてふるい入れ、

1回目はハンドミキサーの低速で30秒混ぜる。

＊ボウルのほうをゆっくり回しながら

2回目、3回目はゴムベラで底からすくうように、そのつど40回ずつ混ぜる。

＊ボウルをゆっくり回しながら、リズミカルに。よく混ぜることで、カステラらしいもっちり感が出る

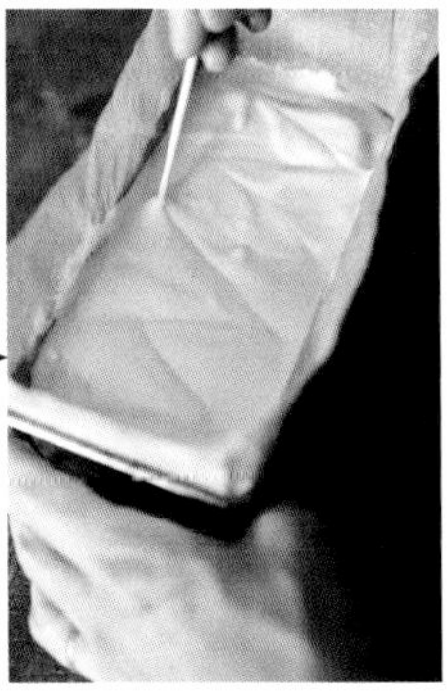

竹串で全体にジグザグに切るように2〜3往復して泡切りし、

15cm高さから台に2〜3回落とし、中の空気を抜く。

＊気泡を消し、焼き上がりに穴があきにくくするため

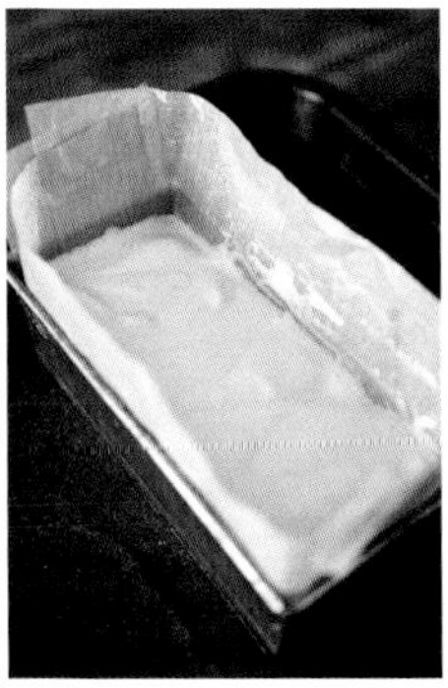

180℃のオーブンで10分、160℃に下げて25分ほど焼く。焼き上がったら15cm高さから台に1回落とし、焼き縮みを防ぐ。

＊中央に竹串を刺して、どろっとした生地がつかなければ焼き上がり

型から出してオーブンシートをはがし、オーブンシートにひっくり返してのせて粗熱をとり、上を平らにする。

＊粗熱がとれたらラップで包み、常温で保存。翌日からがしっとりしておいしい
＊ぬらしたナイフ（あれば波刃）だときれいに切れる

2.

基本のふんわりカステラ

薄力粉を多めにして強力粉をブレンドし、油を少し加えることで、
よりふんわりとした軽い味わいのカステラになります。
ふんわりしていますが、卵は共立てでしっかり泡立てているので、
卵の風味もちゃんと残って、スポンジ生地とはまた違ったおいしさです。

【 材料 】

（18×8×6cmのパウンド型1台分）

薄力粉…40g
強力粉…20g
きび砂糖…60g
卵…2個
A｜はちみつ…大さじ$1\frac{1}{2}$
　｜植物油…大さじ$\frac{1}{2}$

【 下準備 】

- 卵は室温に戻す。
- Aは合わせて湯せんにかけ、はちみつを溶かす。
- 型より3cm高くなるようにオーブンシートを敷く。
- オーブンを180℃に温める。

❶ 卵を泡立てる

ボウルに卵、砂糖を入れてハンドミキサーで混ぜ、湯せん（ボウルの底に60℃くらいの湯をあてる）にかけて高速で3分泡立てる。

＊60℃は、指を入れて熱いくらい（やけどに注意）
＊ハンドミキサーは動かさず、ボウルのほうをゆっくり回すと、まんべんなく泡立てられる

人肌（指を入れて温かいくらい）に温まったら湯せんからはずし、ハンドミキサーの高速でさらに3分⇒低速で1分泡立てる。

＊ここでも、ボウルのほうをゆっくり回しながら

❷ はちみつ、油を加える

すくった時にリボン状に積み重なってしばらく消えなくなったら、Aを回し入れ、ハンドミキサーの低速で1分混ぜる。

＊ボウルのほうをゆっくり回しながら

❸ 粉を加える

粉類を3回に分けてふるい入れ、1回目はハンドミキサーの低速で30秒混ぜる。

＊ボウルのほうをゆっくり回しながら

2回目、3回目はゴムベラで底からすくうように、そのつど40回ずつ混ぜる。

＊ボウルをゆっくり回しながら、リズミカルに
＊生地のでき上がりは、ふんわりとやわらかな感じ

❹ 焼く

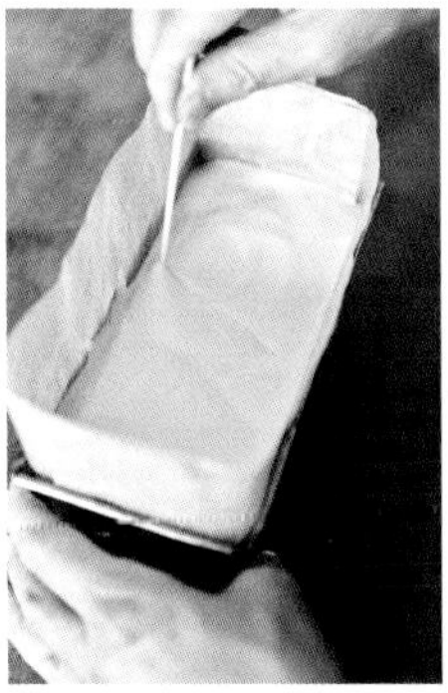

型に$\frac{1}{3}$量ずつ流し、そのつどゴムベラで平らにならし、竹串で全体にジグザグに切るようにして泡切りする。15cm高さから2〜3回落とし、中の空気を抜く。

＊気泡を消し、焼いたあとに穴があきにくくするため

180℃のオーブンで10分、160℃に下げて25分ほど焼く。焼き上がったら15cm高さから台に1回落とし、焼き縮みを防ぐ。

＊型から出して冷まし、粗熱がとれたらラップで包み、常温で保存。翌日からがしっとりしておいしい

3.
基本の台湾カステラ

ふわふわ、シュワシュワな食感が魅力の台湾カステラ。
日本のカステラとは作り方の手順も違い、粉も少なくデリケートで、
難しいところはありますが、ふんわりできた時の感動はひとしおです。
ポイントは、ややゆるめのメレンゲを作るのと、低温でじっくり焼くこと。
ご家庭のオーブンの火の回りを確認しながら、作ってみてください。

【材料】

(18×8×6㎝のパウンド型1台分)＊

- 薄力粉…35g
- 植物油…大さじ2
- 塩…ひとつまみ

牛乳…大さじ2

卵黄…2個分

［メレンゲ］

卵白(あればＬ玉)…2個分

きび砂糖…40g

【下準備】

・卵黄は室温に戻し、卵白はボウルに入れて冷蔵室で冷やしておく。

・油と牛乳は、それぞれ湯せんで人肌に温める。

・型より3㎝高くなるようにオーブンシートを敷く。

・オーブンに天板を入れ、150℃に温める。

＊ゆっくり火が入る紙製の型や牛乳パック(87ページ参照)がおすすめ。底をアルミホイルで覆って

❶ 卵黄生地を作る

ボウルに温めた油、塩を入れ、粉をふるいながら加え、

泡立て器でぐるぐるとしっかり混ぜる。

温めた牛乳を2回に分けて加え、泡立て器でさっと混ぜ、

＊グルテンが出ないようにさっと混ぜて

メレンゲのボウルに戻し入れ、

泡立て器で底からすくうように、さっくりと混ぜる。

＊メレンゲをつぶさないように気をつけて

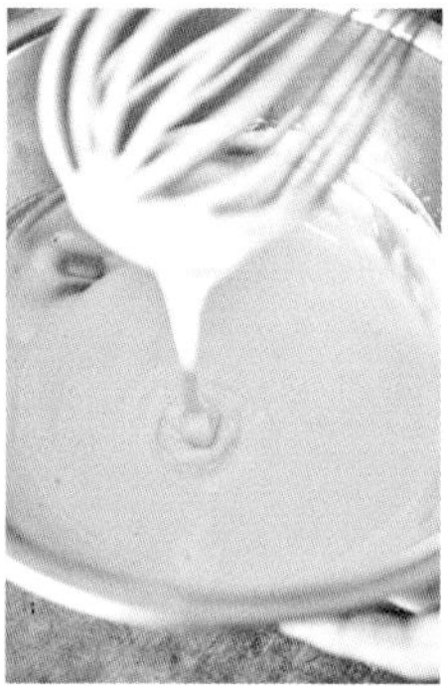

生地のでき上がりは、ふわっとしつつ、とろりとした感じ。

基本の台湾カステラ

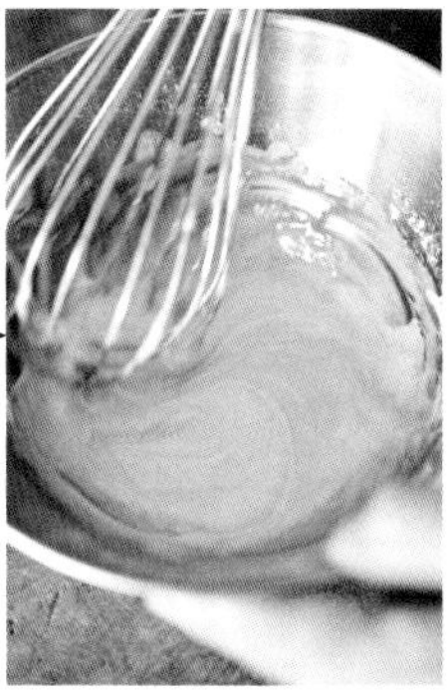

卵黄を1個分ずつ加え、そのつどぐるぐるとしっかり混ぜる。

❷ メレンゲを作る

卵白をハンドミキサーの中速で泡立て、ふんわりしてきたら砂糖を2回に分けて加え、

＊ハンドミキサーは動かさず、ボウルのほうをゆっくり回すと、まんべんなく泡立てられる

先がおじぎするくらいの少しやわらかめのメレンゲを作る。

＊メレンゲがかたいと、焼いたあとにしぼむので注意

❸ 合わせる

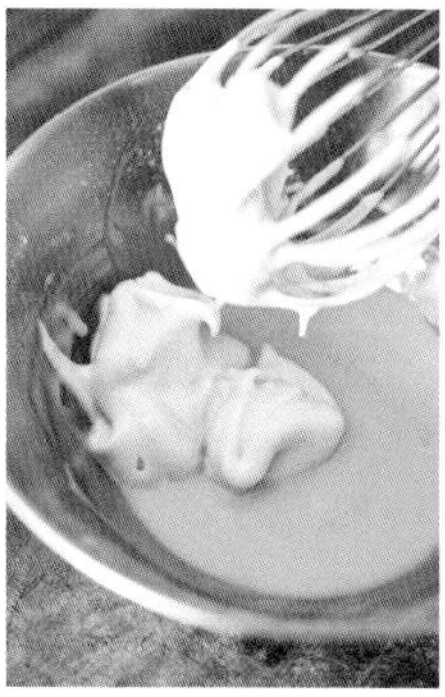

メレンゲを卵黄のボウルにひとすくい加え、泡立て器でぐるぐるとしっかり混ぜたら、

❹ 焼く

型に1/3量ずつ流し、

そのつどゴムベラで平らにならし、15cm高さから台に2〜3回落として中の空気を抜く。

＊3回に分けて流すのと、中の空気を抜くことで、大きな気泡を消し、焼いたあとに穴があきにくくなる

オーブンに入れ、天板のふちギリギリまで水を注ぎ(やけどに注意)、150℃で30〜40分焼く。焼き上がったら15cm高さから台に1回落とし、焼き縮みを防ぐ。

＊中央に竹串を刺して、どろっとした生地がつかなければ焼き上がり

熱いうちに型から出し、オーブンシートをすべてはがし、網にのせて冷ます。

＊底が蒸れやすいので、シートは全面(底も)はがして

＊焼きたてのアツアツでも、冷蔵室で冷やして食べてもおいしい

＊焼いたあとにしぼんで生地がつぶれる場合は、温度を10℃上げる、焼き時間を5〜10分長くするなどを試してみて

4.
基本のバターカステラ

一般的なカステラには、油分はあまり入りませんが、
少し加えるとコクが生まれ、しっとり感がよりアップします。
スポンジケーキとカステラのいいとこどりのような感じです。
少量のバターは有塩を使うことで、風味もしっかりと感じられます。

【 材料 】

（18×8×6cmのパウンド型1台分）

薄力粉…40g
強力粉…20g
きび砂糖…60g
卵…2個
A　はちみつ…大さじ1 1/2
　　熱湯…大さじ1/2
有塩バター…20g

【 下準備 】

・卵は室温に戻す。
・Aは合わせておく。
・バターは湯せんで溶かす。
・型より3cm高くなるように
　オーブンシートを敷く。
・オーブンを180℃に温める。

1 卵を泡立てる

ボウルに卵、砂糖を入れてハンドミキサーで混ぜ、湯せん（ボウルの底に60℃くらいの湯をあてる）にかけて高速で3分泡立てる。

＊60℃は、指を入れて熱いくらい（やけどに注意）
＊ハンドミキサーは動かさず、ボウルのほうをゆっくり回すと、まんべんなく泡立てられる

人肌（指を入れて温かいくらい）に温まったら湯せんからはずし、ハンドミキサーの高速でさらに3分⇒低速で1分泡立てる。

＊ここでも、ボウルのほうをゆっくり回しながら

2 はちみつを加える

すくった時にリボン状に積み重なってしばらく消えなくなったら、Aを回し入れ、ハンドミキサーの低速で1分混ぜる。

＊ボウルのほうをゆっくり回しながら

3 粉を加える

粉類を3回に分けてふるい入れ、1回目はハンドミキサーの低速で30秒⇒2回目、3回目はゴムベラで底からすくうように、そのつど40回ずつ混ぜる。

＊ボウルをゆっくり回しながら、リズミカルに

4 バターを加える

溶かしたバターに生地をひとすくい加え、ゴムベラでしっかり混ぜたら、生地のボウルに戻し入れ、ゴムベラで底からすくうように、油の線が見えなくなるまで30回混ぜる。

5 焼く

型に1/3量ずつ流し、そのつどゴムベラで平らにならし、竹串で全体にジグザグに切るようにして泡切りする。15cm高さから2〜3回落とし、中の空気を抜く。

＊気泡を消し、焼いたあとに穴があきにくくするため

180℃のオーブンで10分、160℃に下げて25分ほど焼く。焼き上がったら15cm高さから台に1回落とし、オーブンシートにひっくり返して冷まし（9ページ参照）、上を平らにする。

＊常温で保存し、翌日からがしっとりしておいしい

5.

基本のココアカステラ

わが家では、娘が好きなチョコ味のカステラです。強力粉を減らし、
チョコ味がしっかり感じられるように、多めのココアパウダーを加えて。
ココアが入ると、生地がふくらみにくくなるのですが、
卵を時間をかけてしっかり泡立てるので、ふんわりと焼き上がります。

【材料】
(18×8×6cmのパウンド型1台分)

- 強力粉…45g
- ココアパウダー…15g
- 塩…ひとつまみ

きび砂糖…60g
卵…2個
A
- はちみつ…大さじ1 1/2
- 熱湯…大さじ1/2

【下準備】
・卵は室温に戻す。
・Aは合わせておく。
・型より3cm高くなるように
オーブンシートを敷く。
・オーブンを180℃に温める。

❶ 卵を泡立てる

ボウルに卵、砂糖を入れてハンドミキサーで混ぜ、湯せん(ボウルの底に60℃くらいの湯をあてる)にかけて高速で3分泡立てる。

＊60℃は、指を入れて熱いくらい(やけどに注意)
＊ハンドミキサーは動かさず、ボウルのほうをゆっくり回すと、まんべんなく泡立てられる

人肌(指を入れて温かいくらい)に温まったら湯せんからはずし、ハンドミキサーの高速でさらに3分⇒低速で1分泡立てる。

＊ここでも、ボウルのほうをゆっくり回しながら

❷ はちみつを加える

すくった時にリボン状に積み重なってしばらく消えなくなったら、Aを回し入れ、ハンドミキサーの低速で1分混ぜる。

＊ボウルのほうをゆっくり回しながら

❸ 粉を加える

粉類を3回に分けてふるい入れ、1回目はハンドミキサーの低速で30秒混ぜる。

＊ボウルのほうをゆっくり回しながら

2回目、3回目はゴムベラで底からすくうように、そのつど40回ずつ混ぜる。

＊ボウルをゆっくり回しながら、リズミカルに
＊生地のでき上がりは、ふんわりしつつ、もっちりとした感じ

❹ 焼く

型に1/3量ずつ流し、そのつどゴムベラで平らにならし、竹串で全体にジグザグに切るようにして泡切りする。15cm高さから2〜3回落とし、中の空気を抜く。

＊気泡を消し、焼いたあとに穴があきにくくするため

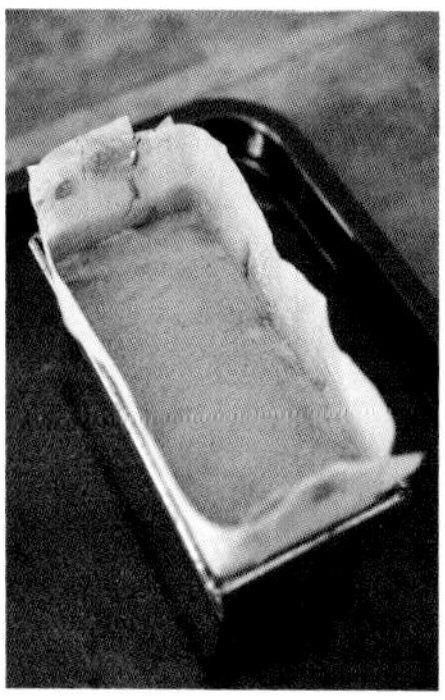

180℃のオーブンで10分、160℃に下げて25分ほど焼く。焼き上がったら15cm高さから台に1回落とし、焼き縮みを防ぐ。

＊型から出して冷まし、粗熱がとれたらラップで包み、常温で保存。翌日からがしっとりしておいしい

Part 2
いろんな味のカステラ

やさしい甘さ、くせのない味わいのカステラは、いろいろな素材と好相性。
基本の5つの生地から生まれる、バラエティ豊かなカステラを集めました。
くだものやチーズ入り、チョコレート、キャラメル、紅茶や抹茶味…。
新しいおいしさを、ぜひここで見つけてみてください。

1. レモンカステラ

口溶けのいいふんわり生地に、レモンの果汁と皮を加えて、
甘さの中にさわやかさが加わったカステラにしました。
ほんのりレモン色の生地は、はちみつとの相性も抜群です。

» 作り方は26ページ

2. チーズカステラ

もっちりカステラに、クリームチーズをたっぷりと加えました。
クリームチーズのコクと酸味で、バターのようなしっとり感と、
レモンのようなさわやかさがプラスされます。
チーズのおかげで、焼き色もこんがりとしっかりつきます。

» 作り方は27ページ

3. バナナカステラ

大人も子どもも好きなバナナ。半量をつぶして生地に混ぜ込み、
残りは上にのせて焼いてみました。1日目はふんわりしていますが、
日にちがたつと、どんどんしっとりとしてきます。
茶色い斑点が出た熟れたバナナを使うと、より風味がよくなります。

» 作り方は28ページ

4. ラムレーズンカステラ

ラム酒にしっかり漬けたレーズンを、バター入りの生地に加えたら、
ちょっぴり大人味のカステラになりました。
カステラ生地はふんわりやわらかくて、レーズンが沈みやすいので、
薄力粉をまぶしてから加えるのがポイントです。

» 作り方は29ページ

5. ブルーベリージャムの マーブルカステラ

生地に加える熱湯をヨーグルトにかえ、しっとり感を出し、
ブルーベリージャムを加えて、フルーティな甘さのカステラに。
ジャムは甘みが少なく、ブルーベリーの粒が残っているものを。
朝食にも食べたくなるカステラです。

» 作り方は30ページ

6. にんじんカステラ

にんじんのすりおろしを加えた、しっとりとしたカステラです。
にんじんは皮ごと加えると、風味がさらによくなります。
相性のいいシナモンをプラスして、アクセントにし、
チーズクリームを塗って、さわやかなケーキ仕立てにしてみました。

» 作り方は31ページ

1. レモンカステラ

ふんわり

【材料】

(18×8×6cmのパウンド型1台分)

薄力粉…40g
強力粉…20g
きび砂糖…60g
卵…2個
A　レモン汁…大さじ1 (1/2個分)
　　はちみつ…大さじ1/2
　　植物油…大さじ1/2
レモンの皮(ワックス不使用のもの)
　のすりおろし…1/2個分

【下準備】

・卵は室温に戻す。
・Aは合わせて湯せんにかけ、
　はちみつを溶かす。
・型より3cm高くオーブンシートを敷く。
・オーブンを180℃に温める。

【作り方】

❶ ボウルに卵、砂糖を入れてハンドミキサーで混ぜ、湯せん(底に60℃くらいの湯をあてる)にかけて高速で3分泡立てる。人肌に温まったら湯せんからはずし、高速でさらに3分 ⇒ 低速で1分泡立てる。

❷ すくった時にリボン状に積み重なってしばらく消えなくなったら、A(回し入れて)、レモンの皮を加え、低速で1分混ぜる。

❸ 粉類を3回に分けてふるい入れ、1回目はハンドミキサーの低速で30秒⇒2回目、3回目はゴムベラで底からすくうようにそのつど40回混ぜる。

❹ 型に1/3量ずつ流し、そのつどゴムベラで平らにならし、竹串で全体にジグザグに切るようにして泡切りし、台に2〜3回落として中の空気を抜く。180℃のオーブンで10分、160℃に下げて25分ほど焼き、台に1回落として焼き縮みを防ぐ。

＊オーブンシートにひっくり返して冷まし、上を平らにする

2. チーズカステラ

もっちり

【材料】

(18×8×6cmのパウンド型1台分)

強力粉…60g
きび砂糖…60g
卵…2個

A | はちみつ…大さじ1 1/2
  | 熱湯…大さじ1/2

B | クリームチーズ…90g
  | 牛乳…大さじ1

【下準備】

・卵は室温に戻す。
・Aは合わせておく。
・Bは合わせて湯せんにかけ、泡立て器でなめらかに混ぜる。
・型より3cm高くオーブンシートを敷く。
・オーブンを180℃に温める。

【作り方】

❶ ボウルに卵、砂糖を入れてハンドミキサーで混ぜ、湯せん(底に60℃くらいの湯をあてる)にかけて高速で3分泡立てる。人肌に温まったら湯せんからはずし、高速でさらに3分⇒低速で1分泡立てる。

❷ すくった時にリボン状に積み重なってしばらく消えなくなったら、Aを回し入れ、低速で1分混ぜる。

❸ 粉を3回に分けてふるい入れ、1回目はハンドミキサーの低速で30秒⇒2回目、3回目はゴムベラで底からすくうようにそのつど40回混ぜる。合わせたBにこれをひとすくい加え、ゴムベラでしっかり混ぜたら、生地のボウルに戻し入れ、ゴムベラで底からすくうように30回混ぜる。

❹ 型に1/3量ずつ流し、そのつどゴムベラで平らにならし、竹串で全体にジグザグに切るようにして泡切りし、台に2〜3回落として中の空気を抜く。180℃のオーブンで10分、160℃に下げて25分ほど焼き、台に1回落として焼き縮みを防ぐ。

＊オーブンシートにひっくり返して冷まし、上を平らにする

3. バナナカステラ

ふんわり

【 材料 】

（18×8×6㎝のパウンド型1台分）

薄力粉…50g
強力粉…10g
きび砂糖…50g
卵…2個
A｜はちみつ…大さじ1 1/2
　｜植物油…大さじ1/2
バナナ…1本（正味100g）

【 下準備 】

・卵は室温に戻す。
・Aは合わせて湯せんにかけ、はちみつを溶かす。
・バナナは半量をフォークで粗くつぶし、残りは3㎜幅の輪切りにする。
・型より3㎝高くオーブンシートを敷く。
・オーブンを180℃に温める。

【 作り方 】

❶ ボウルに卵、砂糖を入れてハンドミキサーで混ぜ、湯せん（底に60℃くらいの湯をあてる）にかけて高速で3分泡立てる。人肌に温まったら湯せんからはずし、高速でさらに3分⇒低速で1分泡立てる。

❷ すくった時にリボン状に積み重なってしばらく消えなくなったら、Aを回し入れ、低速で1分⇒つぶしたバナナを加え、低速で30秒混ぜる。

❸ 粉類を3回に分けてふるい入れ、1回目はハンドミキサーの低速で30秒⇒2回目、3回目はゴムベラで底からすくうようにそのつど40回混ぜる。

❹ 型に1/3量ずつ流し、そのつどゴムベラで平らにならし、竹串で全体にジグザグに切るようにして泡切りし、台に2〜3回落として中の空気を抜く。スライスしたバナナをランダムにのせ、180℃のオーブンで10分、160℃に下げて25分ほど焼き、台に1回落として焼き縮みを防ぐ。

＊オーブンシートにひっくり返して冷まし、上を平らにする

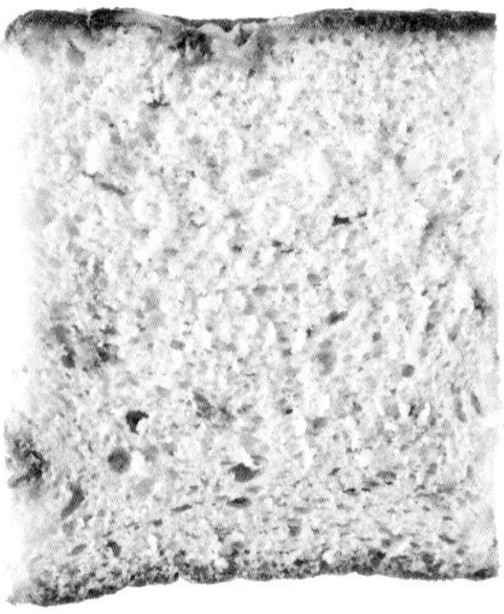

4. ラムレーズンカステラ

バター

【材料】

(18×8×6㎝のパウンド型1台分)

薄力粉…40g
強力粉…20g
きび砂糖…60g
卵…2個
A｜はちみつ…大さじ$1\frac{1}{2}$
　｜熱湯…大さじ$\frac{1}{2}$
有塩バター…20g
B｜ラムレーズン…40g＊
　｜薄力粉…小さじ1

＊作り方は68ページ参照

【下準備】

・卵は室温に戻す。
・A、Bはそれぞれ合わせておく。
・バターは湯せんで溶かす。
・型より3㎝高くオーブンシートを敷く。
・オーブンを180℃に温める。

【作り方】

❶ ボウルに卵、砂糖を入れてハンドミキサーで混ぜ、湯せん(底に60℃くらいの湯をあてる)にかけて高速で3分泡立てる。人肌に温まったら湯せんからはずし、高速でさらに3分⇒低速で1分泡立てる。

❷ すくった時にリボン状に積み重なってしばらく消えなくなったら、Aを回し入れ、低速で1分混ぜる。

❸ 粉類を3回に分けてふるい入れ、1回目はハンドミキサーの低速で30秒⇒2回目、3回目はゴムベラで底からすくうようにそのつど40回混ぜる。溶かしたバターにこれをひとすくい加え、ゴムベラでしっかり混ぜたら、生地のボウルに戻し入れ、ゴムベラで底からすくうように油の線が見えなくなるまで30回混ぜる。

❹ 型に生地の$\frac{1}{3}$量を流し、粉をまぶしたラムレーズンを半量散らし、生地の$\frac{1}{3}$量⇒残りのラムレーズン⇒残りの生地の順に流し、台に2〜3回落として中の空気を抜く。180℃のオーブンで10分、160℃に下げて25分ほど焼き、台に1回落として焼き縮みを防ぐ。

ラムレーズンは薄力粉小さじ1を全体にまぶし、生地に2回に分けて散らす。これで、レーズンが生地の底に沈みにくくなる。

5. ブルーベリージャムのマーブルカステラ

もっちり

【材料】

(18×8×6㎝のパウンド型1台分)

強力粉…60g
きび砂糖…60g
卵…2個
A｜はちみつ…大さじ$1\frac{1}{2}$
｜プレーンヨーグルト…大さじ1
ブルーベリージャム…大さじ3

【下準備】

・卵は室温に戻す。
・Aは合わせて湯せんにかけ、はちみつを溶かす。
・型より3㎝高くオーブンシートを敷く。
・オーブンを180℃に温める。

【作り方】

❶ ボウルに卵、砂糖を入れてハンドミキサーで混ぜ、湯せん(底に60℃くらいの湯をあてる)にかけて高速で3分泡立てる。人肌に温まったら湯せんからはずし、高速でさらに3分⇒低速で1分泡立てる。

❷ すくった時にリボン状に積み重なってしばらく消えなくなったら、Aを回し入れ、低速で1分混ぜる。

❸ 粉を3回に分けてふるい入れ、1回目はハンドミキサーの低速で30秒⇒2回目、3回目はゴムベラで底からすくうようにそのつど40回混ぜる。

❹ 型に$\frac{1}{3}$量ずつ流し、そのつどゴムベラで平らにならし、ブルーベリージャムを3か所にのせる。ゴムベラで底からさっくりと3〜4回混ぜ、竹串を底まで刺してジグザグに動かしてマーブル模様を作り、台に2〜3回落として中の空気を抜く。180℃のオーブンで10分、160℃に下げて25分ほど焼き、台に1回落として焼き縮みを防ぐ。

型に生地を流して平らにならしたら、ブルーベリージャムを大さじ1くらいずつ3か所にのせる。

ゴムベラで底からさっくりと3〜4回混ぜる。この時、ブルーベリージャムを混ぜすぎないのがポイント。

最後に竹串を型の底まで刺して、ジグザグに動かしながら2〜3往復させる。これでマーブル模様ができる。

6. にんじんカステラ　ふんわり

【材料】

(18×8×6cmのパウンド型1台分)

薄力粉…40g
強力粉…20g
シナモンパウダー…小さじ1/4
塩…ひとつまみ

きび砂糖…60g
卵…2個

A　にんじん(すりおろす)
　…1/3本(正味50g)
　はちみつ…大さじ1 1/2
　植物油…大さじ1/2

[チーズフロスティング]
クリームチーズ…100g
粉砂糖…20g
レモン汁…大さじ1/2

【下準備】

・卵とクリームチーズは室温に戻す。
・Aは合わせて湯せんにかけ、はちみつを溶かす。
・型より3cm高くオーブンシートを敷く。
・オーブンを180℃に温める。

レモンの酸味がさわやかなチーズフロスティング。カステラに塗って1時間ほど冷やすと、切りやすくなる。

【作り方】

❶ ボウルに卵、砂糖を入れてハンドミキサーで混ぜ、湯せん(底に60℃くらいの湯をあてる)にかけて高速で3分泡立てる。人肌に温まったら湯せんからはずし、高速でさらに3分⇒低速で1分泡立てる。

❷ すくった時にリボン状に積み重なってしばらく消えなくなったら、Aを回し入れ、低速で1分混ぜる。

❸ 粉類を3回に分けてふるい入れ、1回目はハンドミキサーの低速で30秒⇒2回目、3回目はゴムベラで底からすくうようにそのつど40回混ぜる。

❹ 型に1/3量ずつ流し、そのつどゴムベラで平らにならし、竹串で全体にジグザグに切るようにして泡切りし、台に2〜3回落として中の空気を抜く。180℃のオーブンで10分、160℃に下げて25分ほど焼き、台に1回落として焼き縮みを防ぐ。オーブンシートにひっくり返して冷まし、上を平らにする。

❺ カステラが冷めたら、クリームチーズに粉砂糖、レモン汁を加えてゴムベラでなめらかに混ぜたものを底面に塗り、冷蔵室で30分〜1時間冷やす。

＊保存は冷蔵室で

7. 昔ながらのカステラ

生地に卵黄とみりんを加え、ちょっとぜいたくな味わいにしました。
子どもの頃に食べた、いただきものの木箱に入ったカステラのように、
卵の風味や甘さがきいたカステラが、たまに食べたくなります。
はがれたざらめに悔しい思いをしないように、上にのせてみました。

» 作り方は38ページ

8. 抹茶と甘納豆のカステラ

色鮮やかでほろ苦い抹茶と、甘納豆の組み合わせが好きで、
バター入りの生地と合わせて、より風味豊かにしっとりと焼きました。
抹茶は、飲んでもおいしいものをぜひ選んで。
甘納豆は、いろんな豆が入ったものがおすすめです。

» 作り方は 39 ページ

9. チャイカステラ

台湾カステラの牛乳を温めている時に、紅茶とスパイスを加えて
煮出してもおいしいかもと思い、アレンジしてみました。
紅茶は茶葉が細かいティーバッグが、風味が出やすくておすすめ。
少量のスパイスで、ふわふわの甘さがキリッとしまっておいしいです。

» 作り方は40ページ

11. チョコチップと アーモンドのカステラ

ココアカステラをさらに濃厚な味わいにしたいと、
チョコチップを混ぜて焼きました。チップがなければ、
同量のチョコレートを粗めに刻んで加えてください。

» 作り方は41ページ

10. メープルと しょうがのカステラ

メープルシロップを使って、やさしい焼き色と甘さに。
しょうがのピリッとした辛みがさわやかです。
お好みで、メープルシロップをサンドしていただきます。

» 作り方は41ページ

12. りんごのタタン風カステラ

りんごのタタンケーキが好きで、カステラでも作ってみました。
生地がやわらかいので、りんごはごく薄切りにしてキャラメルで煮て、
型の底に並べます。りんごは酸味のある紅玉がおすすめですが、
ない場合は、レモン汁を多めに加えてください。

» 作り方は42ページ

13. さつまいもの蒸しカステラ

オーブンで焼いてもおいしいですが、蒸してみたら、
ふんわりカステラがよりふんわり、むっちり感も出てきました。
さつまいもは沈みやすいので、型を高いところから落として、
中の気泡を消してからのせてください。

» 作り方は43ページ

7. 昔ながらのカステラ

もっちり

【材料】

（18×8×6cmのパウンド型1台分）

強力粉…60g

きび砂糖…60g

卵…2個

卵黄…1個分

A｜はちみつ…大さじ1 1/2
　｜みりん…大さじ1

ざらめ…小さじ1

【下準備】

・卵と卵黄は室温に戻す。

・Aは合わせて湯せんにかけ、はちみつを溶かす。

・型より3cm高くオーブンシートを敷く。

・オーブンを180℃に温める。

【作り方】

❶ ボウルに卵、卵黄、砂糖を入れてハンドミキサーで混ぜ、湯せん（底に60℃くらいの湯をあてる）にかけて高速で3分泡立てる。人肌に温まったら湯せんからはずし、高速でさらに3分⇒低速で1分泡立てる。

❷ すくった時にリボン状に積み重なってしばらく消えなくなったら、Aを回し入れ、低速で1分混ぜる。

❸ 粉を3回に分けてふるい入れ、1回目はハンドミキサーの低速で30秒⇒2回目、3回目はゴムベラで底からすくうようにそのつど40回混ぜる。

❹ 型に1/3量ずつ流し、そのつどゴムベラで平らにならし、竹串で全体にジグザグに切るようにして泡切りし、台に2〜3回落として中の空気を抜く。ざらめを散らし、180℃のオーブンで10分、160℃に下げて25分ほど焼き、台に1回落として焼き縮みを防ぐ。

＊オーブンシートにひっくり返して冷まし、上を平らにする

ざらめの中でも表面にカラメルをかけた中ザラ糖は、風味とコクがあるのが特徴。氷砂糖のかわりに梅シロップに入れたり、煮豚や鶏肉の煮ものに加えても美味。

8. 抹茶と甘納豆のカステラ

バター

Post card

おそれいりますが
切手を
お貼りください

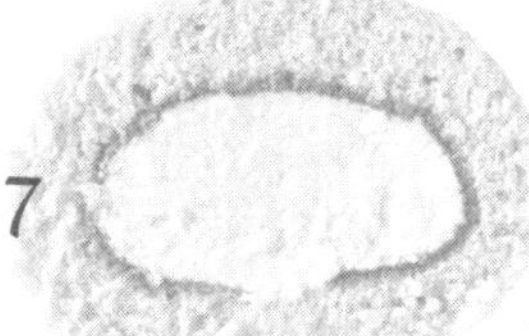

104-8357

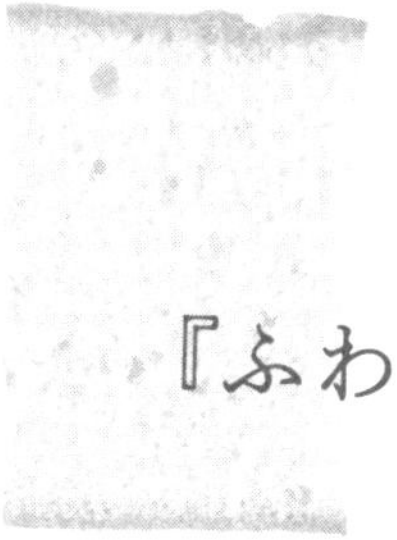

東京都中央区京橋3-5-7
(株)主婦と生活社　料理編集

『ふわふわカステラの本』係行

ご住所
〒　　　－

お電話
(　　　　　　)

お名前（フリガナ）

男・女　年齢　　歳

ご職業
1. 主婦　2. 会社員　3. 自営業　4. 学生　5. その他（　　　　）

家族構成（年齢）
未婚・既婚（　　）年

を入れてハンドミキサーで混ぜ、湯
湯をあてる）にかけて高速で3分泡
たら湯せんからはずし、高速でさら
てる。
ン状に積み重なってしばらく消え
入れ、低速で1分混ぜる。
てふるい入れ、1回目はハンドミキ
回目、3回目はゴムベラで底からす
回混ぜる。溶かしたバターにこれを
ベラでしっかり混ぜたら、生地のボ
ベラで底からすくうように油の線が
混ぜる。
を流し、粉をまぶした甘納豆を半量
残りの甘納豆⇒残りの生地の順に流
て中の空気を抜く。180℃のオーブ
げて25分ほど焼き、台に1回落とし

返して冷まし、上を平らにする

甘納豆は、いろいろな豆が小袋に入った「でん六」のものを使用。必要な分だけ使うことができ、あずきや金時豆、うぐいす豆など、好みの味が楽しめて便利。

9. チャイカステラ

台湾

【材料】

(18×8×6cmのパウンド型1台分)

薄力粉…35g
植物油…大さじ2
塩…ひとつまみ

チャイ液…大さじ2*
卵黄…2個分

[メレンゲ]
卵白(あればL玉)…2個分
きび砂糖…40g

*小鍋に牛乳大さじ4、紅茶の葉(ティーバッグ) 1袋(2g)、シナモン、ジンジャー、カルダモン(すべてパウダー)各少々を入れて火にかけ、沸騰したら弱火で2~3分煮出し、ぎゅっと絞る

【下準備】

- 卵黄は室温に戻し、卵白はボウルに入れて冷蔵室で冷やしておく。
- 油は湯せんで人肌に温める。
- 型より3cm高くオーブンシートを敷く。
- オーブンに天板を入れ、150℃に温める。

チャイ液は弱火で2~3分煮出したら、茶こしを使ってスプーンなどでぎゅっと押して茶葉を絞り、大さじ2杯分を用意する。

【作り方】

❶ ボウルに温めた油、塩を入れ、粉をふるい入れ、泡立て器でしっかり混ぜる。

❷ チャイ液を2回に分けて加え、泡立て器でさっと混ぜ⇒卵黄を1個分ずつ加え、そのつどしっかり混ぜる。

❸ メレンゲを作る。卵白をハンドミキサーの中速で泡立て、ふんわりしてきたら砂糖を2回に分けて加え、先がおじぎするくらいの少しやわらかめのメレンゲを作る。これを卵黄のボウルにひとすくい加え、泡立て器でしっかり混ぜたら、メレンゲのボウルに戻し入れ、泡立て器で底からすくうようにさっくりと混ぜる。

❹ 型に1/3量ずつ流し、そのつどゴムベラで平らにならし、台に2~3回落として中の空気を抜く。オーブンに入れ、天板のふちギリギリまで水を注ぎ(やけどに注意)、150℃で30~40分焼き、台に1回落として焼き縮みを防ぐ。オーブンシートをすべてはがし、網にのせて冷ます。

10. メープルと しょうがのカステラ

ふんわり

【材料】

(18×8×6cmのパウンド型1台分)

薄力粉…40g
強力粉…20g
きび砂糖…60g
卵…2個
A | メープルシロップ…大さじ2
　| しょうがのすりおろし…大さじ1
仕上げ用のメープルシロップ
　…大さじ1

【下準備】

・卵は室温に戻す。
・Aは合わせておく。
・型より3cm高くオーブンシートを敷く。
・オーブンを180℃に温める。

【作り方】

❶ ボウルに卵、砂糖を入れてハンドミキサーで混ぜ、湯せん(底に60℃くらいの湯をあてる)にかけて高速で3分泡立てる。人肌に温まったら湯せんからはずし、高速でさらに3分⇒低速で1分泡立てる。

❷ すくった時にリボン状に積み重なってしばらく消えなくなったら、Aを回し入れ、低速で1分混ぜる。

❸ 粉類を3回に分けてふるい入れ、1回目はハンドミキサーの低速で30秒⇒2回目、3回目はゴムベラで底からすくうようにそのつど40回混ぜる。

❹ 型に1/3量ずつ流し、そのつどゴムベラで平らにならし、竹串で全体にジグザグに切るようにして泡切りし、台に2〜3回落として中の空気を抜く。180℃のオーブンで10分、160℃に下げて25分ほど焼き、台に1回落として焼き縮みを防ぐ。オーブンシートにひっくり返して冷まし、上を平らにし、冷めたら厚みを半分に切り、メープルシロップを塗ってサンドする。

11. チョコチップと アーモンドのカステラ

ココア

【材料】

(18×8×6cmのパウンド型1台分)

| 強力粉…45g
| ココアパウダー…15g
| 塩…ひとつまみ
きび砂糖…60g
卵…2個
A | はちみつ…大さじ1 1/2
　| 熱湯…大さじ1/2
チョコチップ…15g
スライスアーモンド…15g

【下準備】

・上と同じ

【作り方】

❶-❸ 上と同じ

❹ 型に生地の半量を流し、チョコチップを散らし、残りの生地を流し、台に2〜3回落として中の空気を抜く。スライスアーモンドを散らし、180℃のオーブンで10分、160℃に下げて25分ほど焼き、台に1回落として焼き縮みを防ぐ。

*オーブンシートにひっくり返して冷まし、上を平らにする

12. りんごのタタン風カステラ

バター

【材料】

(18×8×6cmのパウンド型1台分)

薄力粉…40g
強力粉…20g
きび砂糖…60g
卵…2個
A｜はちみつ…大さじ1 1/2
　｜熱湯…大さじ1/2
有塩バター…20g

[りんごのソテー]
りんご(あれば紅玉)…1個(250g)*
B｜きび砂糖…40g
　｜水…大さじ1
有塩バター…10g
レモン汁…小さじ1

*紅玉以外のりんごを使う場合は、レモン汁を小さじ2にふやして

【下準備】

- りんごは4等分に切り、皮をむいて芯を除き、3mm幅のくし形に切る。
- 卵は室温に戻す。
- Aは合わせておく。
- 生地用のバターは湯せんで溶かす。
- 型より3cm高くオーブンシートを敷く。
- オーブンを180℃に温める

【作り方】

❶ りんごのソテーを作る。フライパンにBを入れて中火にかけ、煙が出て濃いこげ茶色になったらりんご、バター、レモン汁を加え、時々混ぜながら汁けが少なくなるまで煮詰める。型の底にすき間なく重ねて並べる。

❷ ボウルに卵、砂糖を入れてハンドミキサーで混ぜ、湯せん(底に60℃くらいの湯をあてる)にかけて高速で3分泡立てる。人肌に温まったら湯せんからはずし、高速でさらに3分⇒低速で1分泡立てる。

❸ すくった時にリボン状に積み重なってしばらく消えなくなったら、Aを回し入れ、低速で1分混ぜる。

❹ 粉類を3回に分けてふるい入れ、1回目はハンドミキサーの低速で30秒⇒2回目、3回目はゴムベラで底からすくうようにそのつど40回混ぜる。溶かしたバターにこれをひとすくい加え、ゴムベラでしっかり混ぜたら、生地のボウルに戻し入れ、ゴムベラで底からすくうように油の線が見えなくなるまで30回混ぜる。

❺ ①の型に1/3量ずつ流し、そのつどゴムベラでならし、竹串でジグザグに切るようにして泡切りし、台に2〜3回落として中の空気を抜く。180℃のオーブンで10分、160℃に下げて25分ほど焼き、台に1回落として焼き縮みを防ぐ。粗熱がとれたら皿をかぶせ、ひっくり返して型からはずす。

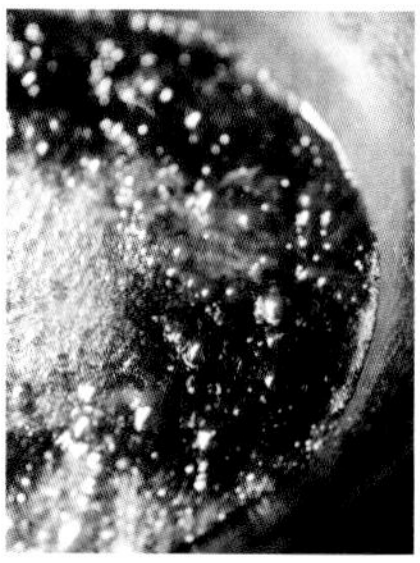

フライパンに砂糖と水を入れ、煙が出て濃いこげ茶色になるまで中火にかける。思った以上にこがしていい。

りんご、バター、レモン汁を一度に加え、中火で時々混ぜながら、汁けが少なくなるまで煮詰める。

型の底にりんごを重ねて並べる。形のいいりんごをいちばん下に入れると、型から出した時にきれいに。

13. さつまいもの蒸しカステラ

ふんわり

【材料】

(18×8×6cmのパウンド型1台分)

薄力粉…40g
強力粉…20g
きび砂糖…60g
卵…2個
A | はちみつ…大さじ1 1/2
　| 植物油…大さじ1/2
さつまいも…1/3本(正味100g)

【下準備】

・卵は室温に戻す。
・Aは合わせて湯せんにかけ、はちみつを溶かす。
・さつまいもは皮ごと1.5cm角に切り、水に10分さらして水けをふく。
・型より3cm高くオーブンシートを敷く。

【作り方】

1. ボウルに卵、砂糖を入れてハンドミキサーで混ぜ、湯せん(底に60℃くらいの湯をあてる)にかけて高速で3分泡立てる。人肌に温まったら湯せんからはずし、高速でさらに3分⇒低速で1分泡立てる。
2. すくった時にリボン状に積み重なってしばらく消えなくなったら、Aを回し入れ、低速で1分混ぜる。
3. 粉類を3回に分けてふるい入れ、1回目はハンドミキサーの低速で30秒⇒2回目、3回目はゴムベラで底からすくうようにそのつど40回混ぜる。
4. 型に1/3量ずつ流し、そのつどゴムベラで平らにならし、竹串で全体にジグザグに切るようにして泡切りし、台に2〜3回落として中の空気を抜く。さつまいもを散らし、蒸気の上がった蒸し器の中火で25分ほど蒸す。

＊中央に竹串を刺して、どろっとした生地がつかなければ蒸し上がり

14. ココアマーブルカステラ

ココアと牛乳を混ぜたソースを生地の上からかけ、
竹串でジグザグ泡切りすれば、マーブル模様のでき上がり。
ふんわりとしたカステラ生地は、きれいなマーブルになりにくいですが、
ソフトクリームのミックス味のように、バニラとチョコが混ざって美味です。

» 作り方は48ページ

15. 塩キャラメルと バニラのカステラ

香り高いバニラのカステラと、ほろ苦いキャラメルを2層にした、
少し欲ばりなカステラです。キャラメルを作る時は、
煙が出るくらいまでこがしたほうが、キャラメルの風味や色が濃く、
2つの味の違いが楽しめます。塩を少量加え、甘さを引きしめます。

» 作り方は49ページ

16. ほうじ茶と米粉のカステラ

粉を米粉にかえた、しっとり、ほろっとしたカステラ。
ほうじ茶は舌に残らないように、すり鉢で細かくして。
さらにフライパンで少し煎ると、香りがよくなります。

» 作り方は 50 ページ

17. 甘栗カステラ

大好きな栗でカステラをと、甘栗を使ってみました。
細かく刻むと栗感がなくなるので、4 等分に切って。
甘栗がかたい時は、お湯でゆでてから加えます。

» 作り方は50ページ

18. ミックスベリーのクランブルカステラ

ココア生地に、さわやかな酸味のミックスベリーとクランブルを合わせた、
ケーキのように華やかなカステラ。台湾カステラ以外のどの生地でも作れます。
クランブルは沈みやすいので、中の気泡を消してから散らしましょう。

» 作り方は 51 ページ

14. ココアマーブルカステラ

ふんわり

【材料】

（18×8×6cmのパウンド型1台分）

薄力粉…40g
強力粉…20g
きび砂糖…60g
卵…2個

A　はちみつ…大さじ1 1/2
　　植物油…大さじ1/2

B　ココアパウダー…大さじ2
　　牛乳…大さじ2

【下準備】

・卵は室温に戻す。
・Aは合わせて湯せんにかけ、はちみつを溶かす。
・Bは混ぜておく。
・型より3cm高くオーブンシートを敷く。
・オーブンを180℃に温める。

【作り方】

❶ ボウルに卵、砂糖を入れてハンドミキサーで混ぜ、湯せん（底に60℃くらいの湯をあてる）にかけて高速で3分泡立てる。人肌に温まったら湯せんからはずし、高速でさらに3分⇒低速で1分泡立てる。

❷ すくった時にリボン状に積み重なってしばらく消えなくなったら、Aを回し入れ、低速で1分混ぜる。

❸ 粉類を3回に分けてふるい入れ、1回目はハンドミキサーの低速で30秒⇒2回目、3回目はゴムベラで底からすくうようにそのつど40回混ぜる。

❹ 型に1/3量ずつ流し、そのつどゴムベラで平らにならし、混ぜたBを全体に散らすようにのせる。ゴムベラで底からさっくりと3〜4回混ぜ、竹串を底まで刺してジグザグに動かしてマーブル模様を作り、台に2〜3回落として中の空気を抜く。180℃のオーブンで10分、160℃に下げて25分ほど焼き、台に1回落として焼き縮みを防ぐ。

＊オーブンシートにひっくり返して冷まし、上を平らにする

型に生地を流して平らにならしたら、ココアと牛乳を混ぜたものをスプーンで全体に散らすようにのせる。

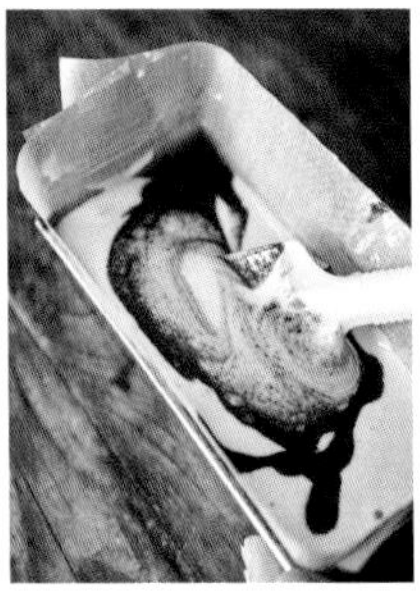

ゴムベラで底からさっくりと3〜4回混ぜる。この時、ココア液を混ぜすぎないようにするのが大切。

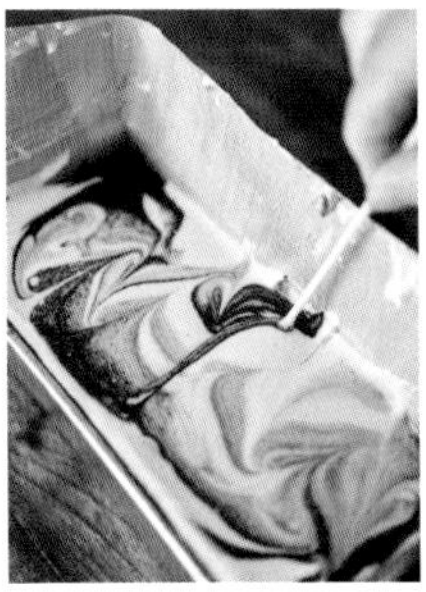

最後に竹串を型の底まで刺して、ジグザグに動かしながら2〜3往復させる。これでマーブル模様ができる。

15. 塩キャラメルとバニラのカステラ

ふんわり

【材料】

(18×8×6㎝のパウンド型1台分)

薄力粉…40g
強力粉…20g
きび砂糖…60g
卵…2個
A｜はちみつ…大さじ$1\frac{1}{2}$
　｜植物油…大さじ$\frac{1}{2}$
バニラビーンズペースト　＊81ページ参照
(またはバニラオイル)…少々

[キャラメルソース]
B｜きび砂糖…60g
　｜水…大さじ1
熱湯…大さじ2
塩…小さじ$\frac{1}{4}$

【下準備】

・卵は室温に戻す。
・Aは合わせて湯せんにかけ、
　はちみつを溶かす。
・型より3㎝高くオーブンシートを敷く。
・オーブンを180℃に温める。

【作り方】

❶ キャラメルソースを作る。小鍋にBを入れて中火にかけ、煙が出てまわりが濃いこげ茶色になったら火を止める。熱湯と塩を加え(はねるので注意)、鍋を回して混ぜ、弱火にかけて木ベラでなめらかに混ぜる。

❷ ボウルに卵、砂糖を入れてハンドミキサーで混ぜ、湯せん(底に60℃くらいの湯をあてる)にかけて高速で3分泡立てる。人肌に温まったら湯せんからはずし、高速でさらに3分⇒低速で1分泡立てる。

❸ すくった時にリボン状に積み重なってしばらく消えなくなったら、Aを回し入れ、低速で1分混ぜる。

❹ 粉類を3回に分けてふるい入れ、1回目はハンドミキサーの低速で30秒⇒2回目、3回目はゴムベラで底からすくうようにそのつど40回混ぜる。これを半量ずつ分け、それぞれ①とバニラペーストを加え、ゴムベラで均一になるまで混ぜる。

❺ 型にキャラメル生地⇒バニラ生地の順に流し、そのつどゴムベラで平らにならし、台に2〜3回落として中の空気を抜く。180℃のオーブンで10分、160℃に下げて25分ほど焼き、台に1回落として焼き縮みを防ぐ。

＊キャラメルソースが冷めて固まったら、湯せんで溶かしてから生地に加えて

小鍋に砂糖と水を入れて中火にかけ、煙が出てまわりが濃いこげ茶色になったら、いったん火を止める。

熱湯と塩を加え(はねるので注意)、鍋を回して混ぜたら、弱火にかけて木ベラで混ぜ、なめらかにする。

16. ほうじ茶と米粉のカステラ

もっちり

【材料】

(18×8×6cmのパウンド型1台分)

- 米粉(製菓用)…60g
- ほうじ茶の葉(ティーバッグ)…1袋(2g)
- きび砂糖…60g
- 卵…2個
- A はちみつ…大さじ$1\frac{1}{2}$
- 　熱湯…大さじ$\frac{1}{2}$

【下準備】

・卵は室温に戻す。
・ほうじ茶は、すり鉢ですって細かくする。
・Aは合わせておく。
・型より3cm高くオーブンシートを敷く。
・オーブンを180℃に温める。

お菓子がふんわりと軽く仕上がる米粉。他のカステラの粉をこれにかえて作っても。「熊本県産米 ミズホチカラ 製菓用米粉」(富)⇒入手先は88ページ

【作り方】

❶ ボウルに卵、砂糖を入れてハンドミキサーで混ぜ、湯せん(底に60℃くらいの湯をあてる)にかけて高速で3分泡立てる。人肌に温まったら湯せんからはずし、高速でさらに3分⇒低速で1分泡立てる。

❷ すくった時にリボン状に積み重なってしばらく消えなくなったら、Aを回し入れ、低速で1分混ぜる。

❸ 粉類を3回に分けてふるい入れ、1回目はハンドミキサーの低速で30秒⇒2回目、3回目はゴムベラで底からすくうようにそのつど40回混ぜる。

❹ 型に$\frac{1}{3}$量ずつ流し、そのつどゴムベラで平らにならし、竹串で全体にジグザグに切るようにして泡切りし、台に2〜3回落として中の空気を抜く。180℃のオーブンで10分、160℃に下げて25分ほど焼き、台に1回落として焼き縮みを防ぐ。

*ほうじ茶の葉のかわりに、「ほうじ茶パウダー」大さじ$\frac{1}{2}$でも。(富)⇒入手先は88ページ

17. 甘栗カステラ

もっちり

【材料】

(18×8×6cmのパウンド型1台分)

- 強力粉…60g
- きび砂糖…60g
- 卵…2個
- A はちみつ…大さじ$1\frac{1}{2}$
- 　熱湯…大さじ$\frac{1}{2}$
- 市販のむき甘栗…8個*

*栗がかたい時は、4等分に切ってから熱湯でやわらかくなるまで5〜10分ゆでて使って

【下準備】

・上と同じ(ほうじ茶はなし)。
・甘栗は4等分に切る。

【作り方】

❶〜❸ 上と同じ

❹ 型に生地の半量を流し、甘栗を散らし、残りの生地を流し、台に2〜3回落として中の空気を抜く。180℃のオーブンで10分、160℃に下げて25分ほど焼き、台に1回落として焼き縮みを防ぐ。

18. ミックスベリーのクランブルカステラ

ココア

【材料】

（18×8×6cmのパウンド型1台分）

- 強力粉…45g
- ココアパウダー…15g
- 塩…ひとつまみ

きび砂糖…60g

卵…2個

A
- はちみつ…大さじ1 1/2
- 熱湯…大さじ1/2

ミックスベリー（冷凍）…50g

［クランブル］

B
- 薄力粉…15g
- アーモンドパウダー…10g
- きび砂糖…15g
- 塩…ひとつまみ

有塩バター…10g

【下準備】

- ・卵は室温に戻す。
- ・Aは合わせておく。
- ・バターは湯せんで溶かす。
- ・型より3cm高くオーブンシートを敷く。
- ・オーブンを180℃に温める。

クランブルは、ボウルに粉類と砂糖、塩を入れて手でざっと混ぜ、溶かしたバターを加えたら、指先でつまむようにしてポロポロとしたそぼろ状にする。

【作り方】

❶ クランブルを作る。ボウルにBを入れて手で混ぜ、溶かしたバターを加えて指先でつまんでそぼろ状にする。

❷ ボウルに卵、砂糖を入れてハンドミキサーで混ぜ、湯せん（底に60℃くらいの湯をあてる）にかけて高速で3分泡立てる。人肌に温まったら湯せんからはずし、高速でさらに3分⇒低速で1分泡立てる。

❸ すくった時にリボン状に積み重なってしばらく消えなくなったら、Aを回し入れ、低速で1分混ぜる。

❹ 粉類を3回に分けてふるい入れ、1回目はハンドミキサーの低速で30秒⇒2回目、3回目はゴムベラで底からすくうようにそのつど40回混ぜる。

❺ 型に生地の半量を流し、ミックスベリー（凍ったまま）を散らし、残りの生地を流し、台に2〜3回落として中の空気を抜く。①のクランブルを散らし、180℃のオーブンで10分、160℃に下げて25分ほど焼き、台に1回落として焼き縮みを防ぐ。

Part 3

カステラ生地のいろんなケーキ

シンプルで食べ飽きないカステラは、いろんなケーキにアレンジできます。
くるりと巻けばロールケーキ、間にクリームをはさめばカステラサンド。
甘いアイシングをかけたり、デコレーションをすれば、
華やかな中に懐かしさが加わったようなケーキにも。
おもてなしにもうれしい、カステラデザートが次々誕生します。

1. プレーンカステラロール

しっとりしているカステラ生地は、ロールケーキにも向いています。
ふんわりやわらかだから、巻くのはくるりとひと巻きでOK。
時間がたつとクリームの水分がカステラにうつり、翌日でもしっとり、
いや、翌日のほうがおいしいと思うくらいです。

【 材料 】

(27×20㎝のバット1枚分)＊

強力粉…60g

きび砂糖…60g

卵…2個

A | はちみつ…大さじ1 1/2
  | 熱湯…大さじ1/2

［クリーム］

生クリーム…150ml

きび砂糖…大さじ1

【 下準備 】

・卵は室温に戻す。

・Aは合わせておく。

・バットにオーブンシートを敷く。

・オーブンを190℃に温める。

＊近いサイズの天板でもOK

1 卵を泡立てる

ボウルに卵、砂糖を入れてハンドミキサーで混ぜ、湯せん(ボウルの底に60℃くらいの湯をあてる)にかけて高速で3分泡立てる。

＊60℃は、指を入れて熱いくらい(やけどに注意)

＊ハンドミキサーは動かさず、ボウルのほうをゆっくり回すと、まんべんなく泡立てられる

人肌(指を入れて温かいくらい)に温まったら湯せんからはずし、ハンドミキサーの高速でさらに3分⇒低速で1分泡立てる。

＊ここでもハンドミキサーは動かさず、ボウルのほうをゆっくり回しながら

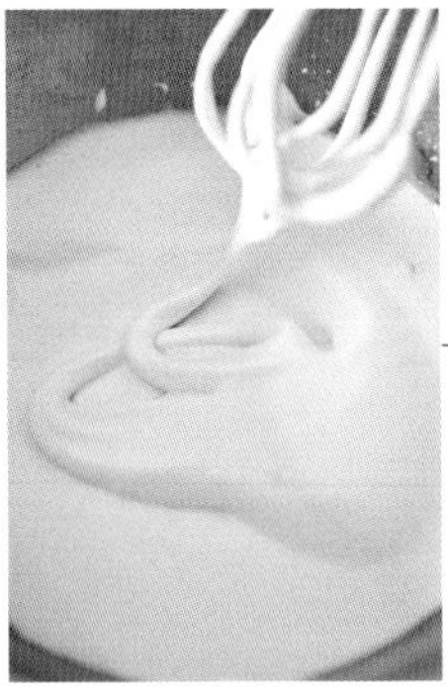

すくった時にリボン状に積み重なってしばらく消えなくなったら、

4 焼く

バットに流して平らにならし、15㎝高さから台に2〜3回落とし、中の空気を抜く。

＊中の空気を抜くことで、大きな気泡を消し、焼いたあとに穴があきにくくなる

190℃のオーブンで10〜12分焼く。焼き上がったら15㎝高さから台に1回落とし、焼き縮みを防ぐ。

バットから出し、ラップを敷いたまな板の上に裏返し、オーブンシートをはがす。バットを逆さにしてかぶせ、粗熱をとる。

＊バットをかぶせるのは、生地の乾燥を防ぐため

❷ はちみつを加える

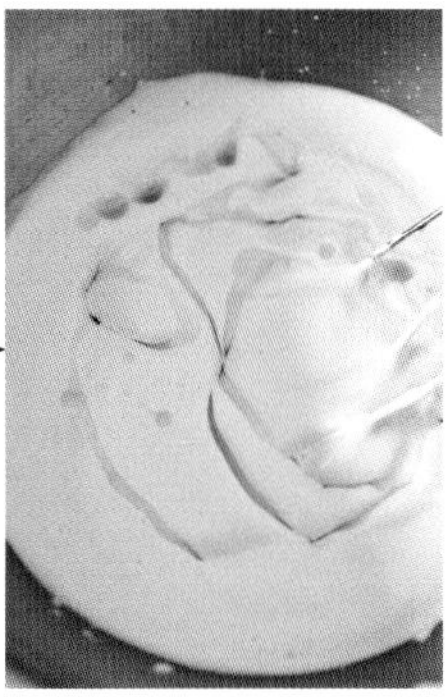

Aを回し入れ、ハンドミキサーの低速で1分混ぜる。

＊ボウルのほうをゆっくり回しながら

❸ 粉を加える

粉を3回に分けてふるい入れ、

1回目はハンドミキサーの低速で30秒混ぜる。

＊ボウルのほうをゆっくり回しながら

2回目、3回目はゴムベラで底からすくうように、そのつど40回ずつ混ぜる。

＊ボウルをゆっくり回しながら、リズミカルに
＊生地のでき上がりは、ふんわりしつつ、もっちりとした感じ

❺ 巻く

ボウルに生クリーム、砂糖を入れ、やわらかなツノが立つまで泡立てる（八分立て）。

＊気持ちやわらかめに泡立てるのがコツ

カステラの焼き目を上にしてオーブンシートに縦長にのせ、向こう端を斜めに2cm切り落とし、生クリームを手前を少し高くして全体に塗る。

＊端を切ることで巻き終わりの収まりをよくする。そこにはクリームは塗らない

オーブンシートごと持ち上げて手前からくるりとひと巻きし、

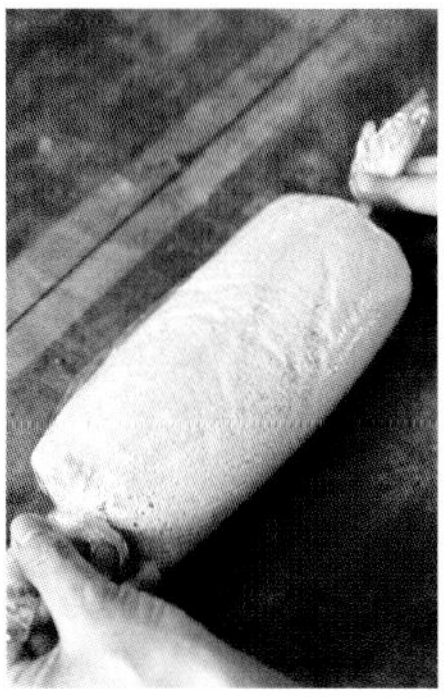

巻き終わりを下にして全体をラップで包み、冷蔵室で2〜3時間冷やす。カステラとクリームがなじんだ翌日が食べごろ。

2. バナナヨーグルト カステラロール

さっぱりとしたあと味にしたくて、クリームにヨーグルトを使いました。
プレーンヨーグルトをしっかり水きりすることで、
クリームチーズのようなコクと酸味のクリームが簡単にできます。
そこにバナナの甘みを加えて、バランスよく仕上げました。

» 作り方は 60 ページ

3. 黄桃のカステラロール

うちの最寄り駅・逗子の駅前に、「珠《たま》屋《や》」という昔ながらの洋菓子店があります。
長い間、市民に愛されるかわいらしいケーキの中に、
名物のピーチロールがあります。懐かしい黄桃の缶詰を使ったロールケーキ。
私もカステラ生地で作ってみました。

» 作り方は 61 ページ

4. チョコモカカステラロール

ココア生地で作ったロールケーキには、少し大人っぽく、
コーヒーを使ったビターなモカクリームを巻きました。
私はカフェインが苦手なので、カフェインレスのコーヒーを使用。
お好みで、ラム酒を少し加えるとおいしいです。

» 作り方は 62 ページ

5. 抹茶あずきのカステラロール

バターの風味がきいた抹茶生地をロールケーキにしてみました。
ほくほくのゆであずきと、生クリームのように泡立てなくても
すぐに使えてコクのある、マスカルポーネチーズを巻いています。
私は、コーヒーと一緒にいただくのが好きです。

» 作り方は 63 ページ

2. バナナヨーグルトカステラロール

ふんわり

【材料】

（27×20cmのバット1枚分）

薄力粉…40g
強力粉…20g
きび砂糖…60g
卵…2個
A｜はちみつ…大さじ1 1/2
　｜植物油…大さじ1/2
バナナ…1本（正味100g）

［ヨーグルトクリーム］
プレーンヨーグルト…400g
生クリーム…50ml
きび砂糖…大さじ1

【下準備】

・ヨーグルトは、キッチンペーパーを敷いたざるに入れて泡立て器で混ぜ、1時間以上水きりし、150g分用意する。
・卵は室温に戻す。
・Aは合わせて湯せんにかけ、はちみつを溶かす。
・バナナは長いまま縦4等分に切る。
・バットにオーブンシートを敷く。
・オーブンを190℃に温める。

【作り方】

❶ ボウルに卵、砂糖を入れてハンドミキサーで混ぜ、湯せん（底に60℃くらいの湯をあてる）にかけて高速で3分泡立てる。人肌に温まったら湯せんからはずし、高速でさらに3分⇒低速で1分泡立てる。

❷ すくった時にリボン状に積み重なってしばらく消えなくなったら、Aを回し入れ、低速で1分混ぜる。

❸ 粉類を3回に分けてふるい入れ、1回目はハンドミキサーの低速で30秒⇒2回目、3回目はゴムベラで底からすくうようにそのつど40回混ぜる。

❹ バットに流して平らにならし、台に2〜3回落として中の空気を抜き、190℃のオーブンで10〜12分焼き、台に1回落として焼き縮みを防ぐ。バットから出してオーブンシートをはがし、粗熱をとる。

❺ ヨーグルトに生クリーム、砂糖を加え、やわらかなツノが立つまで泡立てる（八分立て）。カステラの焼き目を上にしてオーブンシートに縦長にのせ、向こう端を斜めに2cm切り落とし、クリームを手前を少し高くして全体に塗り、バナナを1切れずつ4か所にのせる。オーブンシートごと持ち上げて手前からくるりとひと巻きし、巻き終わりを下にして全体をラップで包み、冷蔵室で2〜3時間冷やす。

ヨーグルトは、キッチンペーパー2〜3枚を敷いたざるに入れて泡立て器でぐるぐる混ぜ、1時間以上水きりし、150g分を用意する。

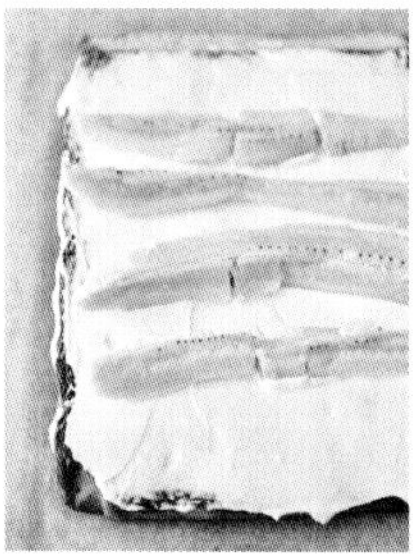

生地にクリームを塗ったら、バナナを1切れずつ等間隔で4か所に並べる。これで、どこを切ってもバナナが入っている状態に。

3. 黄桃の カステラロール

もっちり

【材料】

(27×20㎝のバット1枚分)

強力粉…60g
きび砂糖…60g
卵…2個
A | はちみつ…大さじ1 1/2
　 | 熱湯…大さじ1/2
黄桃(缶詰)…半割り3切れ
仕上げ用の粉砂糖…適量

[クリーム]
生クリーム…150ml
きび砂糖…大さじ1

【下準備】

・卵は室温に戻す。
・Aは合わせておく。
・黄桃は汁けをきり、4等分のくし形に切る。
・バットにオーブンシートを敷く。
・オーブンを190℃に温める。

【作り方】

❶ ボウルに卵、砂糖を入れてハンドミキサーで混ぜ、湯せん(底に60℃くらいの湯をあてる)にかけて高速で3分泡立てる。人肌に温まったら湯せんからはずし、高速でさらに3分⇒低速で1分泡立てる。

❷ すくった時にリボン状に積み重なってしばらく消えなくなったら、Aを回し入れ、低速で1分混ぜる。

❸ 粉を3回に分けてふるい入れ、1回目はハンドミキサーの低速で30秒⇒2回目、3回目はゴムベラで底からすくうようにそのつど40回混ぜる。

❹ バットに流して平らにならし、台に2～3回落として中の空気を抜き、190℃のオーブンで10～12分焼き、台に1回落として焼き縮みを防ぐ。バットから出してオーブンシートをはがし、粗熱をとる。

❺ 生クリームに砂糖を加え、やわらかなツノが立つまで泡立てる(八分立て)。カステラの焼き目を上にしてオーブンシートに縦長にのせ、向こう端を斜めに2㎝切り落とし、クリームを手前を少し高くして全体に塗り、黄桃を4切れずつ3か所にのせる(左ページ参照)。オーブンシートごと持ち上げて手前からくるりとひと巻きし、巻き終わりを下にして全体をラップで包み、冷蔵室で2～3時間冷やす。食べる直前に粉砂糖を茶こしでふる。

4. チョコモカ カステラロール

ココア

【材料】

(27×20cmのバット1枚分)

強力粉…45g
ココアパウダー…15g
塩…ひとつまみ

きび砂糖…60g
卵…2個

A　はちみつ…大さじ1 1/2
　　熱湯…大さじ1/2

[モカクリーム]

生クリーム…150ml
きび砂糖…大さじ1

B　インスタントコーヒー…小さじ1
　　熱湯…小さじ1
　　ラム酒(好みで)…少々

【下準備】

・卵は室温に戻す。
・A、Bはそれぞれ合わせておく。
・バットにオーブンシートを敷く。
・オーブンを190℃に温める。

【作り方】

❶ ボウルに卵、砂糖を入れてハンドミキサーで混ぜ、湯せん(底に60℃くらいの湯をあてる)にかけて高速で3分泡立てる。人肌に温まったら湯せんからはずし、高速でさらに3分⇒低速で1分泡立てる。

❷ すくった時にリボン状に積み重なってしばらく消えなくなったら、Aを回し入れ、低速で1分混ぜる。

❸ 粉類を3回に分けてふるい入れ、1回目はハンドミキサーの低速で30秒⇒2回目、3回目はゴムベラで底からすくうようにそのつど40回混ぜる。

❹ バットに流して平らにならし、台に2～3回落として中の空気を抜き、190℃のオーブンで10～12分焼き、台に1回落として焼き縮みを防ぐ。バットから出してオーブンシートをはがし、粗熱をとる。

❺ 生クリームに砂糖を加え、やわらかなツノが立つまで泡立て(八分立て)、合わせたBを加えてさっくりと混ぜる。カステラの焼き目を上にしてオーブンシートに縦長にのせ、向こう端を斜めに2cm切り落とし、クリームを手前を少し高くして全体に塗る。オーブンシートごと持ち上げて手前からくるりとひと巻きし、巻き終わりを下にして全体をラップで包み、冷蔵室で2～3時間冷やす。

5. 抹茶あずきのカステラロール

バター

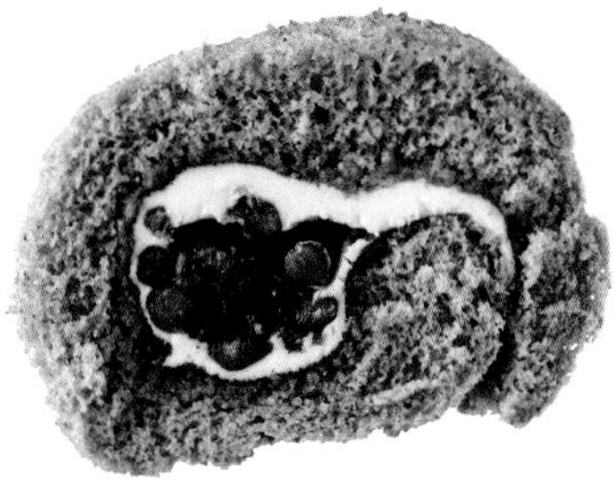

【材料】

(27×20㎝のバット1枚分)

- 薄力粉…40g
- 強力粉…20g
- 抹茶…大さじ1

きび砂糖…60g

卵…2個

A
- はちみつ…大さじ$1\frac{1}{2}$
- 熱湯…大さじ$\frac{1}{2}$

有塩バター…20g

マスカルポーネチーズ…100g

ゆであずき(缶詰)…100g

【下準備】

- 卵とマスカルポーネは室温に戻す。
- Aは合わせておく。
- バターは湯せんで溶かす。
- バットにオーブンシートを敷く。
- オーブンを190℃に温める。

【作り方】

❶ ボウルに卵、砂糖を入れてハンドミキサーで混ぜ、湯せん(底に60℃くらいの湯をあてる)にかけて高速で3分泡立てる。人肌に温まったら湯せんからはずし、高速でさらに3分⇒低速で1分泡立てる。

❷ すくった時にリボン状に積み重なってしばらく消えなくなったら、Aを回し入れ、低速で1分混ぜる。

❸ 粉類を3回に分けてふるい入れ、1回目はハンドミキサーの低速で30秒⇒2回目、3回目はゴムベラで底からすくうようにそのつど40回混ぜる。溶かしたバターにこれをひとすくい加え、ゴムベラでしっかり混ぜたら、生地のボウルに戻し入れ、ゴムベラで底からすくうように油の線が見えなくなるまで30回混ぜる。

❹ バットに流して平らにならし、台に2〜3回落として中の空気を抜き、190℃のオーブンで10〜12分焼き、台に1回落として焼き縮みを防ぐ。バットから出してオーブンシートをはがし、粗熱をとる。

❺ カステラの焼き目を上にしてオーブンシートに縦長にのせ、向こう端を斜めに2㎝切り落とし、マスカルポーネを手前を少し高くして全体に塗り、手前から$\frac{1}{3}$のところにゆであずきを横1列にのせる。オーブンシートごと持ち上げて手前からくるりとひと巻きし、巻き終わりを下にして全体をラップで包み、冷蔵室で2〜3時間冷やす。

コクがあって酸味が少ないマスカルポーネチーズは、ティラミスに使うことでもおなじみ。泡立てずにそのまま使え、生クリームのかわりにフルーツサンドに入れてもおいしい。

6. レーズンクリームの カステラサンド

いろんなクリームと相性がいいカステラ。おすすめのひとつ、レーズンクリームは、砂糖のかわりに練乳を加えた懐かしい味わいのクリームに、自家製ラムレーズンを混ぜたもの。はさんで冷蔵室で少し冷やし固めると、切りやすくなります。

» 作り方は68ページ

7. マーマレードとチーズクリームの カステラサンド

マーマレードとクリームチーズの相性のよさは、お墨つき！
基本のカステラのどれにはさんでもおいしいですが、
お気に入りは台湾カステラ。ふんわりやさしい生地に、
酸味のあるクリームと口溶けのよさがくせになります。

» 作り方は69ページ

8. マロンクリームの
カステラサンド

大好きなマロン。秋だけでなく年じゅう食べたいので、
フランスのマロンクリームを使って、いつでも食べられるように。
カステラに切り込みを入れ、生クリームと合わせてサンドしました。
マロンクリームが甘いので、生クリームには砂糖を使わずに。

» 作り方は70ページ

9. あずきといちごの カステラオムレット

カステラの甘さは、どら焼きの皮の甘みにも似ているので、
どら焼きのようにしてみては？と思い、ホットプレートで焼きました。
ゆるめのふわふわ生地、はちみつも入っているのでこげやすいですが、
カステラとはまた違う味わいに。ゆであずきといちごを合わせます。

» 作り方は71ページ

6. レーズンクリームのカステラサンド

もっちり

【材料】

(18×8×6cmのパウンド型1台分)

強力粉…60g
きび砂糖…60g
卵…2個
A　はちみつ…大さじ1 1/2
　　熱湯…大さじ1/2
［レーズンクリーム］
生クリーム…100ml
加糖練乳…25g
ラムレーズン…50g

【下準備】

・卵は室温に戻す。
・Aは合わせておく。
・型より3cm高くオーブンシートを敷く。
・オーブンを180℃に温める。

ラムレーズンは、びんにレーズン50gとラム酒をひたひたに入れ(約100ml)、常温で1週間おいて手作りできる。汁けをきって使って。レーズンは枝つきでも。

【作り方】

❶ ボウルに卵、砂糖を入れてハンドミキサーで混ぜ、湯せん(底に60℃くらいの湯をあてる)にかけて高速で3分泡立てる。人肌に温まったら湯せんからはずし、高速でさらに3分⇒低速で1分泡立てる。

❷ すくった時にリボン状に積み重なってしばらく消えなくなったら、Aを回し入れ、低速で1分混ぜる。

❸ 粉を3回に分けてふるい入れ、1回目はハンドミキサーの低速で30秒⇒2回目、3回目はゴムベラで底からすくうようにそのつど40回混ぜる。

❹ 型に1/3量ずつ流し、そのつどゴムベラで平らにならし、竹串で全体にジグザグに切るようにして泡切りし、台に2～3回落として中の空気を抜く。180℃のオーブンで10分、160℃に下げて25分ほど焼き、台に1回落として焼き縮みを防ぐ。オーブンシートにひっくり返して冷まし、上を平らにする。

❺ 生クリームに練乳を加え、とろりとするまで泡立て(七分立て)、ラムレーズンを加えてゴムベラでさっくりと混ぜる。カステラが冷めたら厚みを半分に切り、これを塗ってサンドする。

＊冷蔵室で1時間ほど冷やすと、切りやすくなる。保存は冷蔵室で

7. マーマレードとチーズクリームのカステラサンド

台湾

【材料】

(18×8×6cmのパウンド型1台分)

| 薄力粉…35g
| 植物油…大さじ2
| 塩…ひとつまみ

牛乳…大さじ2

卵黄…2個分

[メレンゲ]

卵白(あればL玉)…2個分

きび砂糖…40g

[チーズクリーム]

A | クリームチーズ…40g
　| 生クリーム…大さじ1

オレンジマーマレード…大さじ2

【下準備】

・卵黄とクリームチーズは室温に戻す。

・卵白はボウルに入れ、冷蔵室で冷やしておく。

・油と牛乳は、それぞれ湯せんで人肌に温める。

・型より3cm高くオーブンシートを敷く。

・オーブンに天板を入れ、150℃に温める。

【作り方】

❶ ボウルに温めた油、塩を入れ、粉をふるい入れ、泡立て器でしっかり混ぜる。

❷ 牛乳を2回に分けて加え、泡立て器でさっと混ぜ⇒卵黄を1個分ずつ加え、そのつどしっかり混ぜる。

❸ メレンゲを作る。卵白をハンドミキサーの中速で泡立て、ふんわりしてきたら砂糖を2回に分けて加え、先がおじぎするくらいの少しやわらかめのメレンゲを作る。これを卵黄のボウルにひとすくい加え、泡立て器でしっかり混ぜたら、メレンゲのボウルに戻し入れ、泡立て器で底からすくうようにさっくりと混ぜる。

❹ 型に1/3量ずつ流し、そのつどゴムベラで平らにならし、台に2〜3回落として中の空気を抜く。オーブンに入れ、天板のふちギリギリまで水を注ぎ(やけどに注意)、150℃で30〜40分焼き、台に1回落として焼き縮みを防ぐ。オーブンシートをすべてはがし、網にのせて冷ます。

❺ Aを泡立て器でなめらかに混ぜ、チーズクリームを作る。カステラが冷めたら厚みを半分に切り、チーズクリーム、マーマレードの順に塗ってサンドする。

＊保存は冷蔵室で

8. マロンクリームのカステラサンド

もっちり

【 材料 】

(18×8×6cmのパウンド型1台分)

強力粉…60g
きび砂糖…60g
卵…2個
A | はちみつ…大さじ$1\frac{1}{2}$
　| 熱湯…大さじ$\frac{1}{2}$
ピスタチオ(またはくるみ、
　アーモンド)…10g

[マロンクリーム]
市販のマロンクリーム…80g
生クリーム…100ml

【 下準備 】

・卵は室温に戻す。
・Aは合わせておく。
・ピスタチオは細かく刻む。
・型より3cm高くオーブンシートを敷く。
・オーブンを180℃に温める。

マロンクリームは、栗をクリーム状にしてバニラや砂糖を加えたもの。トーストやクレープに塗って食べてもおいしい。「サバトン マロンクリーム」(富)⇒入手先は88ページ

【 作り方 】

❶ ボウルに卵、砂糖を入れてハンドミキサーで混ぜ、湯せん(底に60℃くらいの湯をあてる)にかけて高速で3分泡立てる。人肌に温まったら湯せんからはずし、高速でさらに3分⇒低速で1分泡立てる。

❷ すくった時にリボン状に積み重なってしばらく消えなくなったら、Aを回し入れ、低速で1分混ぜる。

❸ 粉を3回に分けてふるい入れ、1回目はハンドミキサーの低速で30秒⇒2回目、3回目はゴムベラで底からすくうようにそのつど40回混ぜる。

❹ 型に$\frac{1}{3}$量ずつ流し、そのつどゴムベラで平らにならし、竹串で全体にジグザグに切るようにして泡切りし、台に2〜3回落として中の空気を抜く。180℃のオーブンで10分、160℃に下げて25分ほど焼き、台に1回落として焼き縮みを防ぐ。オーブンシートにひっくり返して冷まし、上を平らにする。

❺ 生クリームをやわらかなツノが立つまで泡立て(八分立て)、マロンクリームを加えてさっくりと混ぜる。カステラが冷めたら両端(短辺のほうの焼き目部分)を切り落とし、長さを4等分に切り、まん中に切り込みを入れてクリームをはさみ、ピスタチオを散らす。

＊保存は冷蔵室で

9. あずきといちごのカステラオムレット

ふんわり

【材料】

（直径10cmのもの6枚分）

薄力粉…40g
強力粉…20g
きび砂糖…60g
卵…2個
A｜はちみつ…大さじ$1\frac{1}{2}$
　｜植物油…大さじ$\frac{1}{2}$
ゆであずき（缶詰）…200g
いちご…6個
植物油、仕上げ用の粉砂糖…各少々

【下準備】

・卵は室温に戻す。
・Aは合わせて湯せんにかけ、
　はちみつを溶かす。
・いちごは縦4等分の薄切りにする。

【作り方】

❶ ボウルに卵、砂糖を入れてハンドミキサーで混ぜ、湯せん（底に60℃くらいの湯をあてる）にかけて高速で3分泡立てる。人肌に温まったら湯せんからはずし、高速でさらに3分⇒低速で1分泡立てる。

❷ すくった時にリボン状に積み重なってしばらく消えなくなったら、Aを回し入れ、低速で1分混ぜる。

❸ 粉類を3回に分けてふるい入れ、1回目はハンドミキサーの低速で30秒⇒2回目、3回目はゴムベラで底からすくうようにそのつど40回混ぜる。

❹ ホットプレートを160℃に温め、油を薄く塗り、生地をお玉1杯分ずつ流して直径10cmに広げたら保温にし、ふたをして2分、裏返してふたをして2分ほど焼く。熱いうちに半分に折り曲げてラップで包み、冷めたらゆであずきといちごをサンドし、粉砂糖を茶こしでふる。

＊冷めてからだと生地が割れるので、熱いうちに半分に折って

ホットプレートを160℃に温め、ペーパーで油を薄く塗ったら、生地をお玉1杯分ずつ流して直径10cmに広げて保温にし、ふたをして焼く。生地がふわふわでこげやすいので、注意して。

10. レモンアイシングカステラ

甘いアイシングをかけると、重ためのケーキになりがちですが、
カステラなら軽く、そして保湿効果でしっとり感が増します。
大好きなレモンをぎゅっと絞って、果汁でなめらかなアイシングに。
底面を上にして仕上げ、シャープで正統派な印象のお菓子にします。

» 作り方は76ページ

11. ラミントンカステラ

オーストラリアのお菓子で、チョコがけしたケーキに、
食感が楽しいココナッツをふりかけたもの。
コーティング用のチョコレートを使うと手軽で、
チョコのおかげで生地もしっとりしています。

» 作り方は77ページ

12. ホワイトチョコとラズベリージャムのカステラ

ラズベリージャムと、ホワイトチョコのミルキーな甘さが
好きな組み合わせ。ホワイトチョコは分離しやすいので、
ゆっくり溶かし、粉砂糖を加えてアイシングにします。

» 作り方は78ページ

13. カステラティラミス

コーヒーシロップがしみ込みやすいように、
カステラは端を落として使います。生クリームも泡立てず、
マスカルポーネに加えるだけのラフなレシピです。

» 作り方は79ページ

14. カステラアイス

バットにカステラを並べて生クリームをかけ、
ただ凍らせるだけ。生地の卵と砂糖に生クリームを合わせ、
アイスのような風味に。シャリシャリ食感も楽しんで。

» 作り方は 80 ページ

15. カステラトライフル

グラスを器にして、より手軽に。フルーツやジャム、クリームを
お好みで入れていく、パフェのようなトライフルです。
カステラはなじみやすいよう、手で食べやすい大きさにちぎって。
レモンカードはバターを使っていないので、さっぱりとした味わいです。

» 作り方は 81 ページ

10. レモンアイシングカステラ

もっちり

【材料】

(18×8×6cmのパウンド型1台分)

強力粉…60g
きび砂糖…60g
卵…2個
A｜はちみつ…大さじ1 1/2
　｜熱湯…大さじ1/2
レモンの皮(ワックス不使用のもの)
　のすりおろし…1/4個分
[レモンアイシング]
粉砂糖…50g
レモン汁…大さじ2/3

【下準備】

・卵は室温に戻す。
・Aは合わせておく。
・型より3cm高くオーブンシートを敷く。
・オーブンを180℃に温める。

【作り方】

❶ ボウルに卵、砂糖を入れてハンドミキサーで混ぜ、湯せん(底に60℃くらいの湯をあてる)にかけて高速で3分泡立てる。人肌に温まったら湯せんからはずし、高速でさらに3分⇒低速で1分泡立てる。

❷ すくった時にリボン状に積み重なってしばらく消えなくなったら、Aを回し入れ、低速で1分混ぜる。

❸ 粉を3回に分けてふるい入れ、1回目はハンドミキサーの低速で30秒⇒2回目、3回目はゴムベラで底からすくうようにそのつど40回混ぜる。

❹ 型に1/3量ずつ流し、そのつどゴムベラで平らにならし、竹串で全体にジグザグに切るようにして泡切りし、台に2〜3回落として中の空気を抜く。180℃のオーブンで10分、160℃に下げて25分ほど焼き、台に1回落として焼き縮みを防ぐ。

❺ カステラが冷めたら、スプーンでとろりと混ぜたアイシングをゴムベラで底面に塗り、レモンの皮を散らす。

レモンアイシングは、粉砂糖とレモン汁をスプーンで混ぜて作る。とろりとなめらかなアイシングなので、カステラにも塗りやすい。

11. ラミントンカステラ

もっちり

【材料】

（18×8×6㎝のパウンド型1台分）

強力粉…60g
きび砂糖…60g
卵…2個
A　はちみつ…大さじ1 1/2
　　熱湯…大さじ1/2
コーティング用チョコレート…150g
植物油…大さじ1
ココナッツファイン…20g

【下準備】

・卵は室温に戻す。
・Aは合わせておく。
・チョコレートは、大きければ粗く刻む。
・型より3㎝高くオーブンシートを敷く。
・オーブンを180℃に温める。

コーティング用のチョコは溶かしやすく、常温で固まるので扱いやすい。クッキーにかけても美味。「ノベルビター 上掛け用チョコ」（富）⇒入手先は88ページ

【作り方】

❶ ボウルに卵、砂糖を入れてハンドミキサーで混ぜ、湯せん（底に60℃くらいの湯をあてる）にかけて高速で3分泡立てる。人肌に温まったら湯せんからはずし、高速でさらに3分⇒低速で1分泡立てる。

❷ すくった時にリボン状に積み重なってしばらく消えなくなったら、Aを回し入れ、低速で1分混ぜる。

❸ 粉を3回に分けてふるい入れ、1回目はハンドミキサーの低速で30秒⇒2回目、3回目はゴムベラで底からすくうようにそのつど40回混ぜる。

❹ 型に1/3量ずつ流し、そのつどゴムベラで平らにならし、竹串で全体にジグザグに切るようにして泡切りし、台に2〜3回落として中の空気を抜く。180℃のオーブンで10分、160℃に下げて25分ほど焼き、台に1回落として焼き縮みを防ぎ、完全に冷ます。

❺ 大きめのボウルにチョコレートと油を合わせ、湯せんにかけて溶かし、ゴムベラでなめらかに混ぜる。これが温かいうちにカステラ全体をつけ、ココナッツをまぶし、網にのせて常温で固まるまでおく。

＊夏場は冷蔵室で保存し、常温に戻してから食べるといい

12. ホワイトチョコとラズベリージャムのカステラ

もっちり

【材料】

(18×8×6㎝のパウンド型1台分)

強力粉…60g
きび砂糖…60g
卵…2個
A｜はちみつ…大さじ$1\frac{1}{2}$
　｜熱湯…大さじ$\frac{1}{2}$
コーティング用ホワイトチョコレート…40g
牛乳…小さじ2
粉砂糖…60g
ラズベリージャム…大さじ2

【下準備】

・卵は室温に戻す。
・Aは合わせておく。
・ホワイトチョコは、大きければ粗く刻む。
・型より3㎝高くオーブンシートを敷く。
・オーブンを180℃に温める。

コーティング用ホワイトチョコは、湯せんで溶かしやすく、常温で固まるため扱いやすい。「ノベルビアンコ ホワイト 上掛け用チョコ」(富)⇒入手先は88ページ

【作り方】

❶ ボウルに卵、砂糖を入れてハンドミキサーで混ぜ、湯せん(底に60℃くらいの湯をあてる)にかけて高速で3分泡立てる。人肌に温まったら湯せんからはずし、高速でさらに3分⇒低速で1分泡立てる。

❷ すくった時にリボン状に積み重なってしばらく消えなくなったら、Aを回し入れ、低速で1分混ぜる。

❸ 粉を3回に分けてふるい入れ、1回目はハンドミキサーの低速で30秒⇒2回目、3回目はゴムベラで底からすくうようにそのつど40回混ぜる。

❹ 型に$\frac{1}{3}$量ずつ流し、そのつどゴムベラで平らにならし、竹串で全体にジグザグに切るようにして泡切りし、台に2〜3回落として中の空気を抜く。180℃のオーブンで10分、160℃に下げて25分ほど焼き、台に1回落として焼き縮みを防ぎ、完全に冷ます。

❺ ホワイトチョコと牛乳を合わせ、湯せんにかけて溶かし、粉砂糖を加えてゴムベラでなめらかに混ぜる。カステラの底面を上にして厚みを半分に切り、ラズベリージャムを塗ってサンドし、ホワイトチョコをゴムベラで塗り、常温で固まるまでおく。

＊夏場は冷蔵室で保存し、常温に戻してから食べるといい

13. カステラティラミス

もっちり

【材料】

(21×16×高さ3cmのバット1枚分)*

強力粉…60g
きび砂糖…60g
卵…2個
A　はちみつ…大さじ1 1/2
　　熱湯…大さじ1/2
仕上げ用のココアパウダー…適量

[マスカルポーネクリーム]
マスカルポーネチーズ…250g
生クリーム…80ml
はちみつ…大さじ1 1/2

[コーヒーシロップ]
インスタントコーヒー…大さじ1
きび砂糖…大さじ1
熱湯…100ml

*カステラは18×8×6cmのパウンド型1台分

【下準備】

・卵とマスカルポーネは室温に戻す。
・A、コーヒーシロップの材料はそれぞれ合わせておく。
・型より3cm高くオーブンシートを敷く。
・オーブンを180℃に温める。

【作り方】

❶ カステラは、左ページの①〜④を参照して作る。

❷ ボウルにマスカルポーネクリームの材料を入れ、ゴムベラでなめらかに混ぜる。

❸ カステラが冷めたら上面と底以外の端を切り落とし、長さを8等分に切る。バットに半量を敷き詰め、コーヒーシロップの半量をかけ、②のクリームの半量をのせて平らにならし、これをもう1回くり返す。冷蔵室で2時間ほど冷やし、食べる直前にココアを茶こしでふる。

*カステラの端(焼き目部分)を切るのは、味をしみ込みやすくするため
*ココアカステラで作ってもおいしい

バットにカステラの半量を敷き詰めたら、コーヒーシロップの半量をスプーンで全体にかけ、よくしみ込ませる。バットのかわりに、容器で作ってもいい。

マスカルポーネと生クリーム、はちみつをなめらかに混ぜたものをその上にのせ、ゴムベラで平らにならす。カステラ⇒シロップ⇒クリームをもう1回くり返す。

14. カステラアイス

ふんわり

【材料】

(18×8×6cmのパウンド型1台分)

薄力粉…40g
強力粉…20g
きび砂糖…60g
卵…2個
A | はちみつ…大さじ1 1/2
　| 植物油…大さじ1/2
生クリーム…200ml
アメリカンチェリー(あれば)…適量

【下準備】

・卵は室温に戻す。
・Aは合わせて湯せんにかけ、はちみつを溶かす。
・型より3cm高くオーブンシートを敷く。
・オーブンを180℃に温める。

【作り方】

❶ ボウルに卵、砂糖を入れてハンドミキサーで混ぜ、湯せん(底に60℃くらいの湯をあてる)にかけて高速で3分泡立てる。人肌に温まったら湯せんからはずし、高速でさらに3分⇒低速で1分泡立てる。

❷ すくった時にリボン状に積み重なってしばらく消えなくなったら、Aを回し入れ、低速で1分混ぜる。

❸ 粉類を3回に分けてふるい入れ、1回目はハンドミキサーの低速で30秒⇒2回目、3回目はゴムベラで底からすくうようにそのつど40回混ぜる。

❹ 型に1/3量ずつ流し、そのつどゴムベラで平らにならし、竹串で全体にジグザグに切るようにして泡切りし、台に2〜3回落として中の空気を抜く。180℃のオーブンで10分、160℃に下げて25分ほど焼き、台に1回落として焼き縮みを防ぐ。

❺ カステラが冷めたら上面と底以外の端を切り落とし、長さを6等分に切り、バット(21×16×高さ3cm)に2×3列に並べて生クリームを注ぎ、ラップをかけて冷凍室で4〜5時間冷やし固める。器に盛り、アメリカンチェリーを添える。

*カステラの端(焼き目部分)を切るのは、味をしみ込みやすくするため
*ココアカステラで作ってもおいしい

カステラは重ならないように1列にバットに並べ、生クリームを全体に回しかけ、冷凍室で4〜5時間冷やし固める。1切れ分ずつ取り出し、器に盛る。

15. カステラトライフル

もっちり

【材料】

（直径7.5×高さ9cmのグラス2個分）＊

強力粉…60g
きび砂糖…60g
卵…2個
A｜はちみつ…大さじ$1\frac{1}{2}$
　｜熱湯…大さじ$\frac{1}{2}$
バナナ…$\frac{1}{2}$本
オレンジ…$\frac{1}{2}$個
生クリーム…100ml
アプリコットジャム…大さじ2
［レモンカード］
B｜卵…1個
　｜卵黄…1個分
　｜きび砂糖…大さじ4
薄力粉…小さじ2
豆乳（成分無調整のもの）…50ml
レモン汁…50ml
バニラビーンズペースト
　（またはバニラオイル）…少々

＊カステラは18×8×6cmのパウンド型1台分

【下準備】

・卵と卵黄はすべて室温に戻す。
・Aは合わせておく。
・フルーツは食べやすく切る。
・型より3cm高くオーブンシートを敷く。
・オーブンを180℃に温める。

【作り方】

❶ カステラは、左ページの①〜④を参照して作り、1cm厚さ2切れを用意し、端（焼き目部分）をすべて切り落とす。

❷ レモンカードを作る。ボウルにBを入れて泡立て器で混ぜ、薄力粉（ふるい入れて）⇒豆乳⇒レモン汁の順に加えてそのつどよく混ぜる。ざるでこして鍋に移し、バニラペーストを加え、泡立て器で絶えず混ぜながら弱火にかけ、とろみがついたら火から下ろす。容器に移し、表面にラップをはりつけ、粗熱がとれたら冷蔵室で1時間冷やす。

❸ 生クリームをやわらかなツノが立つまで泡立てる（八分立て）。グラスにフルーツ、ジャム、カステラ（ちぎる）、生クリーム、レモンカードの順に入れる。

＊カステラの端を切るのは、味をしみ込みやすくするため

バニラビーンズをペースト状にしたバニラビーンズペースト。さやから種を出す手間がなく、必要な量だけ使える。「オーガニックバニラビーンズペースト」（富）⇒入手先は88ページ

レモンカードは、このくらいの軽いとろみがついたら火から下ろす。容器に移して表面にラップをはりつけ、粗熱がとれたら冷蔵室で1時間冷やしてから使う。

16. キウイの カステラショートケーキ

シンプルで素朴なカステラも、生クリームでデコレーションすれば、
華やかなケーキに変身します。特別な日にもいいですね。
間にレモンマーマレードをはさんで、酸味としっとり感をプラスして。
季節のフルーツをトッピングしてみてください。

» 作り方は 84 ページ

17. ガナッシュクリームと くるみのカステラケーキ

チョコガナッシュを使ったケーキが、無性に食べたくなる時があります。
そう、あの「トップス」のチョコケーキです。
まん中に刻んだくるみをはさんで、クリームをたっぷりとのせて。
ガナッシュはすぐかたくなるので、生クリームはゆるく泡立てます

» 作り方は 85 ページ

16. キウイの カステラショートケーキ

もっちり

【材料】

(18×8×6cmのパウンド型1台分)

強力粉…60g
きび砂糖…60g
卵…2個
A | はちみつ…大さじ1 1/2
　| 熱湯…大さじ1/2
レモンマーマレード…大さじ2
キウイフルーツ…1個
飾り用のミントの葉やローズマリー（あれば）…各適量

[クリーム]
生クリーム…200ml
きび砂糖…大さじ1

【下準備】

・卵は室温に戻す。
・Aは合わせておく。
・キウイは皮をむき、ひと口大の乱切りにする。
・型より3cm高くオーブンシートを敷く。
・オーブンを180℃に温める。

【作り方】

❶ ボウルに卵、砂糖を入れてハンドミキサーで混ぜ、湯せん(底に60℃くらいの湯をあてる)にかけて高速で3分泡立てる。人肌に温まったら湯せんからはずし、高速でさらに3分⇒低速で1分泡立てる。

❷ すくった時にリボン状に積み重なってしばらく消えなくなったら、Aを回し入れ、低速で1分混ぜる。

❸ 粉を3回に分けてふるい入れ、1回目はハンドミキサーの低速で30秒⇒2回目、3回目はゴムベラで底からすくうようにそのつど40回混ぜる。

❹ 型に1/3量ずつ流し、そのつどゴムベラで平らにならし、竹串で全体にジグザグに切るようにして泡切りし、台に2〜3回落として中の空気を抜く。180℃のオーブンで10分、160℃に下げて25分ほど焼き、台に1回落として焼き縮みを防ぐ。

❺ 生クリームに砂糖を加え、やわらかなツノが立つまで泡立てる(八分立て)。カステラが冷めたら上面と側面のはみ出した部分を切り落とし、厚みを半分に切り、マーマレードを塗ってサンドする。生クリームをナイフで全体に塗り、キウイとハーブを飾る。

17. ガナッシュクリームとくるみのカステラケーキ

ココア

【材料】

(18×8×6cmのパウンド型1台分)

強力粉…45g
ココアパウダー…15g
塩…ひとつまみ

きび砂糖…60g
卵…2個

A
はちみつ…大さじ$1\frac{1}{2}$
熱湯…大さじ$\frac{1}{2}$

くるみ(ローストしたもの)…20g
仕上げ用のココアパウダー…少々

[ガナッシュクリーム]
製菓用チョコレート(ビター)…30g*
生クリーム…200ml

*カカオ分70〜80%がおすすめ。甘めが好みなら50〜60%を

【下準備】

・卵は室温に戻す。
・Aは合わせておく。
・くるみとチョコレートは粗く刻む。
・型より3cm高くオーブンシートを敷く。
・オーブンを180℃に温める。

生クリームをとろりと泡立てたら(ここで泡立てすぎないように)、溶かしたチョコを加え、やわらかなツノが立つまで泡立てる。

【作り方】

❶ ボウルに卵、砂糖を入れてハンドミキサーで混ぜ、湯せん(底に60℃くらいの湯をあてる)にかけて高速で3分泡立てる。人肌に温まったら湯せんからはずし、高速でさらに3分⇒低速で1分泡立てる。

❷ すくった時にリボン状に積み重なってしばらく消えなくなったら、Aを回し入れ、低速で1分混ぜる。

❸ 粉類を3回に分けてふるい入れ、1回目はハンドミキサーの低速で30秒⇒2回目、3回目はゴムベラで底からすくうようにそのつど40回混ぜる。

❹ 型に$\frac{1}{3}$量ずつ流し、そのつどゴムベラで平らにならし、竹串で全体にジグザグに切るようにして泡切りし、台に2〜3回落として中の空気を抜く。180℃のオーブンで10分、160℃に下げて25分ほど焼き、台に1回落として焼き縮みを防ぐ。

❺ ガナッシュクリームを作る。ボウルにチョコレートと生クリーム大さじ2を合わせ、湯せんにかけて溶かす。これを残りの生クリームをとろりとするまで泡立てたところに加え、やわらかなツノが立つまで泡立てる(八分立て)。

❻ カステラが冷めたら上面と側面のはみ出した部分を切り落とし、厚みを半分に切り、両方の断面にガナッシュを大さじ1ずつ塗り、間にくるみを入れてサンドする。残りのガナッシュをゴムベラで全体に塗り、食べる直前にココアを茶こしでふる。

材料について

少ない材料でシンプルに作るカステラは、素材の味に左右されます。
ひとつひとつの材料は、自分でおいしいと思うものをぜひ選んでください。

● 強力粉

カステラのあのもっちりとした食感や弾力は、強力粉によって生まれます。よく使っているのは、「はるゆたか100%」や「春よ恋」などの北海道産のもの。粒子が細かく、さらさらでふるいやすく、生地にのびが出ます。★

● 薄力粉

薄力粉は、カステラにふんわり感をもたらしてくれます。ふんわりカステラや台湾カステラなどには、ふわっと口溶けのいい「特宝笠（とくたからがさ）」を使用。しっとりソフトな焼き上がりで、カステラやスポンジ向きの粉です。★

● 砂糖

砂糖は、やさしくやわらかな甘みで体にゆっくりと吸収される、精製度が低くてミネラル分の多いきび砂糖を好んで使っています。アイシングには、粉砂糖を使用しています。「カップ印　きび砂糖」★

● 卵

カステラでは、卵は最も大切な材料です。よく使うのは、有精卵の放し飼いの健康的な卵。殻がかたく黄身がプリッと盛り上がっているものは、生地のふくらみも違います。Mサイズ（卵黄20g＋卵白30g）を使用。台湾カステラは、L玉を使うとボリュームが出ます。

● はちみつ

はちみつはカステラに甘みを加えるだけでなく、生地をしっとりと保ち、焼き色をきれいにつける役割があります。焼きたてのカステラからは、はちみつのいい香りが漂います。アカシアなど、透明でくせが少ないものが使いやすいです。「ミエリツィア　アカシアのハチミツ」★

● 油

ふんわりカステラと台湾カステラには、少量の油を加えます。普段から料理やお菓子によく使っている、米油を使用。酸化しにくく、栄養価も高いです。または無色透明の太白ごま油など、くせの少ないものが合います。油も調味料のひとつなので、ぜひ上質なものを選んで。「こめしぼり」★

● 牛乳

台湾カステラには、牛乳を使っています。少量ですが、低脂肪や無脂肪ではなく、成分無調整のものを。できれば低温殺菌やノンホモ牛乳など、安全性が高くコクがあって、おいしいものがおすすめです。

● バター

コクやうまみが凝縮しているバターは、生地の風味をよくし、しっとりと保ってくれます。私は、手作りの状態に近いチャーニング製法のものが好きでよく使っています。今回は少量しか加えないので、常備している有塩のものを使用しています。

● ココアパウダー

砂糖やミルクなどの混ぜものがない、純（ピュア）ココアを使用しています。湿気やすいので、缶に入っているタイプがおすすめ。粒子が細かく、ダマになりやすいので、ティラミスなどの仕上げにかける時には、茶こしでふるって使ってください。

● 塩

ほんの少しですが、お菓子に加えると味の輪郭がはっきりして、甘みやうまみがより強くなります。よく使うのは、料理でもお菓子でもフランスの「ゲランドの塩　顆粒」。天日で乾燥させた、うまみのある海水塩です。★

● 生クリーム

ロールケーキやカステラサンド、デコレーションに使う生クリーム。あっさり仕上げたい時、なめらかなデコレーションにしたい時は、乳脂肪分35%や36%のものを。コクを出したい時は、42%や45%、47%と使い分けています。

★の入手先は（富）
⇒詳しくは88ページ

道具について

ボウル1つで手軽に作れるカステラに、特別な道具は必要ありません。
私がいつも使っているものたちをご紹介します。

● ボウル

カステラの生地作りに使っているのは、外径23cm、高さ12cmのやや深さがあるステンレス製のもの。全卵2個を共立てにしたり、卵白2個分をメレンゲにするのにちょうどいいサイズ。直径26cmのフライパンで湯せんもしやすく、浅すぎないので、生地が飛ぶこともありません。

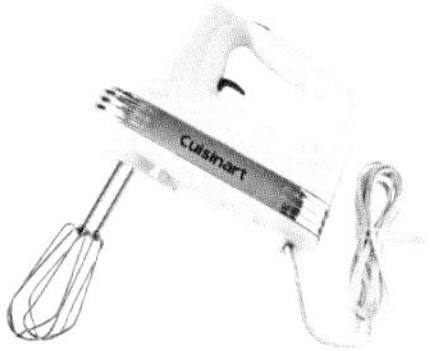

● ハンドミキサー

カステラは卵をしっかり泡立てて作るので、ハンドミキサーは欠かせません。私はクイジナートのものを使用しています。スピードが5段階あって調節がしやすく、パワーがあるので頼もしいです。

● 泡立て器

ずいぶん昔、フランス菓子を習っていた時に購入した遠藤商事の業務用の「スーパー泡立」を使用しています。ほかのものに浮気しても、やはりこれがいちばん使いやすく、結局これ1本に。27cmという長さも万能です。

● ゴムベラ

生地をボウルの底からしっかり混ぜる時に欠かせないゴムベラ。適度な弾力で、ボウルにも沿いやすいものがいいと思います。25cm長さの耐熱性のシリコンのものを使っています。

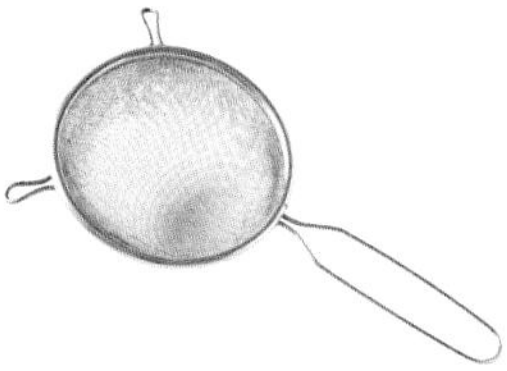

● 粉ふるい

製菓用の粉ふるいも持っていますが、小さすぎたり大きかったりとあまり使い勝手がよくなくて。たまたま見つけた100円ショップの直径14cmのざるが、サイズや軽さ、目の細かさがぴったりで、今はこればかり使用。カステラの粉の分量60gにもちょうどいい大きさ。

● スケール

タニタのデジタルスケールを使用しています。1g単位のものがあれば大丈夫。これは計量皿が強化ガラス製で、汚れてもふきやすいので気に入っています。

● パウンド型

ブリキ製の18×8cm、高さ6cmを使用。火の通りがいいので、じっくり火を通したいカステラには本当は向かないのですが、焼き色がムラなくつきます。底がすぼまっていないほうが、焼き上がりがしぼみにくいです。台湾カステラには、紙製の型がおすすめ（底をアルミホイルで覆って）。「ブリキパウンド型　小」は ★

牛乳パックでもOK！

20×7×高さ7cmと、パウンド型より少し容量が多いですが、これでもカステラは焼けます。1つの側面を切りとり、上部を平らにしてホチキスでとめ、オーブンシートを敷いて使用。台湾カステラには特におすすめで、湯せん焼きにするので、底はアルミホイルでしっかり覆って使って。

● バット（ロールケーキ用）

27×20cmのものを使っています。これは野田琺瑯の「レクタングル浅型L」ですが、ここまで深さは必要ないので、一般的な18枚取のバットでもOK。オーブンシートを敷いて使用します。

中川たま（なかがわ　たま）

1971年兵庫生まれ。神奈川・逗子で、夫と大学生の娘との3人暮らし。アパレル勤務を経て、結婚と同時に上京。自然食品店勤務のあと、2004年にケータリングユニット「にぎにぎ」を立ち上げ、2008年に独立。以後、雑誌、書籍などでのレシピとスタイリングの提案ほか、自宅で旬の素材を生かした少人数制の料理教室を主宰。著書に『器は自由におおらかに』（家の光協会）、『季節の果実をめぐる114の愛で方、食べ方』（日本文芸社）、『ホーローバットで作るバターを使わないお菓子』（共著／小社刊）など。

ふわふわカステラの本

著　者／中川たま
編集人／足立昭子
発行人／倉次辰男
発行所／株式会社 主婦と生活社
〒104-8357　東京都中央区京橋3-5-7
Tel.03-3563-5321（編集部）
Tel.03-3563-5121（販売部）
Tel.03-3563-5125（生産部）
https://www.shufu.co.jp
印刷所／凸版印刷株式会社
製本所／共同製本株式会社
ISBN978-4-391-15498-6

落丁・乱丁の場合はお取り替えいたします。お買い求めの書店か、小社生産部までお申し出ください。

デザイン／石松あや（しまりすデザインセンター）
撮影／衛藤キヨコ
プリンティングディレクション／
金子雅一（凸版印刷株式会社）

取材／中山み登り
校閲／滄流社
編集／足立昭子

◎（富）⇒TOMIZ（富澤商店）　*材料提供
オンラインショップ　https://tomiz.com
Tel. 042-776-6488
（月～金 9:00～12:00、13:00～17:00／土日祝は休）
製菓・製パン材料を中心に、幅広い食材をそろえる食材専門店。オンラインショップのほか、全国に直営店があります。

*商品の取り扱い先は、2020年9月25日現在のものです。お店や商品の状況によって、同じものが入手できない場合もあります。あらかじめご了承ください。